- 説文學小叢書 -

《説文》

與古代科技

SHUOWEN YU GUDAI KEJI

聞人軍　著

中国教育出版传媒集团　　語文出版社

· 北京 ·

圖書在版編目（CIP）數據

《說文》與古代科技 / 聞人軍著. -- 北京 ： 語文
出版社，2025. 1. --（說文學小叢書）. -- ISBN 978-7-
5187-2156-6

Ⅰ. H161

中國國家版本館CIP數據核字第2025AT8106號

責任編輯	李　　朋	
裝幀設計	徐曉森	
出　　版	語文出版社	
地　　址	北京市東城區朝陽門內南小街51號　　100010	
電子信箱	ywcbsywp@163.com	
排　　版	北京九章文化有限公司	
印刷裝訂	北京市科星印刷有限責任公司	
發　　行	語文出版社　新華書店經銷	
規　　格	850mm×1168mm	
開　　本	1 / 32	
印　　張	6.875	
字　　數	137千字	
版　　次	2025年1月第1版	
印　　次	2025年1月第1次印刷	
定　　價	30.00元	

☎ 010-65253954(咨詢)　010-65251033(購書)　010-65250075(印裝質量)

總　序

　　東漢許慎所著《説文解字》一書，是中國第一部以解析字形為主，同時兼顧音義訓釋的字典，在中國古典學術史上具有劃時代的意義。許慎以十三萬多字的篇幅，對九千三百五十三個漢字逐一進行了形體分析和音義訓釋，並以五百四十個部首統轄所有字頭，始一終亥，排列有序，開啓了以偏旁為綫索編排檢索漢字的先河。許慎將"六書"理論和方法運用於書中所收所有字的解析和闡釋，使得從此對漢字的形體分析變得有系統可依，有規律可循。《説文解字》除收集了最全的小篆形體外，還保留了很多古文、籀文和奇字，對研究漢字形體演變、考釋古文字十分有用。《説文解字》並不是單純的字典，將其當作以解析字形為主，集形音義闡釋於一身的綜合性辭典可能更為合適，特別是文字訓釋中所包含的大量的先秦和秦漢的語料、史料及科技文化信息，更是包羅萬象，豐富多彩，甚至可以將其視為漢代的一部百科全書。比如清代程瑤田對農事研究用力頗多，其名作《九穀考》就離不開《説文》的幫助："《説文解字》中言九穀者，類聚録之，次其先後而觀之，有異名者並存之以備考。於黍、稷、粱三事，尤瞭然如指上旋渦。"他的體會是："《説文》為治經津筏，由今觀之，真寶書也。"
　　在中國古代的學術體系中，經學始終佔有統治地位，而小學是經學的附庸，是為經學服務的，《説文解字》正是一部為古文經學服務的小學著作。漢代的今古文之爭，是《説文解字》產生的時代背景和驅動力，因此《説文解字》一書具有濃厚的學派理念和一定的政治色彩。《説文解字》寫作的出發點，是為了對"人用己私、是非無正、巧説邪辭、使天下學者疑"的現狀進行糾偏，為的是讓人們在正確的文字學知識和認識的指導下，更好地閱讀和理解古文學派的經書，從而達到"理群類、解謬誤、曉學者、達神旨"的目的。我們今天對古代的所有理解和認識，幾乎都是通過古書，通過古書上的文字來實現的，正如許慎在《説文解字》序中對文字的評價："蓋文字者，經藝之本，王政之始。前人所以垂後，後人所以識古。"試想如果沒有古書，沒有保存了大量形音義訓釋的歷代的字典和韻書，我們對古代將一無所知。因此從這個角度説，保存了早期大量形音義訓釋的中國的第一部字典《説文解字》，正是連接古代與現代的橋梁，其重要性無論如何高估都不為過。

　　中國古代對《説文解字》格外重視，北魏顏之推在《顏氏家訓·書證》篇中有一則對比孔子與許慎特點的評論：

　　　　客有難主人曰："今之經典，子皆謂非，《説文》所言，子皆云是，然則許慎勝孔子乎？"主人拊掌大笑，應之曰："今之經典，皆孔子手迹耶？"客曰："今之《説文》，皆許慎手迹乎？"答曰："許慎檢以六文，貫以部分，使不得誤，誤則覺之。孔子存其義而不論其文也。"

　　把許慎與孔子對舉，這本身就是對許慎的高度肯定。孔子存其義，許慎論其文。文字正確，義理才能正確且長久地流傳下來。這段論述可以反映出北魏時人們對孔子和許慎的極端推崇。唐宋之後的《説文解字》相關整理與研究漸趨成熟，到清代更是達到巔峰。清代經史大家王鳴盛曾説："讀遍天下書，不讀《説文》，猶不讀書也。"話雖稍顯極端，但從某種角度看卻並非無理。20世紀是大發現的時代，而21世紀則是特大發現的時代，因出土文獻與古文字資料的不斷井噴式面世，《説文解字》在出土文獻與古文字研究上的重要性得到進一步凸顯，而且隨着資料的豐富、手段的更新，人們越來越認識到這部著作的可貴與偉大。圍繞《説文解字》進行的相關研究催生了"説文學"的誕生和確立。利用出土文獻、古文字資料與《説文解字》進行互證，始終是學界的一個研究熱點，成果層出不窮，新見不斷涌現。尤其是出土的大量的秦漢時期的新資料，在修正《説文解字》的失誤、更深切地認識和理解《説文解字》的内涵等方面，為我們提供了大量的新見新知，使得《説文解字》在新時代進一步提升了其利用價值和資料潛力。

　　20世紀90年代，王寧先生與董希謙先生曾主編過一套"許慎與《説文》小叢書"，由河南人民出版社出版，在學術界產生了很好的影響。這套小叢書的出版至今已過去三十年，隨着新材料的不斷增加和學術認識的不斷深入，有必要承續其業，踵事增華，再寫新篇。為此，中國訓詁學研究會與語文出版社合作，擬推出"説文學小叢書"，以總結歸納《説文解字》研究領域的新觀點和新認識，推动"説文學"的進一步發展。叢書選聘在《説文解字》

相關研究領域學有所成、富有創見的學者，就某一專題展開討論。每個專題大約十萬字左右，既體現學術深度，又兼顧推廣普及。

值此百年未有之大變局，對標國家重大需求，配合國家文化發展戰略，在傳承弘揚中華優秀傳統文化中發揮作用，成為每位人文學者必須承擔的重要任務。《説文解字》是中華優秀傳統文化中的典型代表，其歷史思想和文化價值值得不斷發掘。我們應對其內涵加以創造性轉化和創新性發展，從中提取鮮活的實例，用來講好中國故事，傳播好中國聲音，塑造好中國形象。在此願與學界同仁共勉。

因撰寫和編輯時間匆促，小叢書中一定存在着各種問題和錯誤，希望能持續得到學界同道和讀者朋友的不吝指正。

王雲路　劉釗

2024 年 10 月

前　言

許慎《說文解字》是中國歷史上第一部編次分明、推本求源的文字學巨著。許慎自許"萬物咸睹，靡不兼載"。許慎之子許沖《上〈說文解字〉書》稱東漢以前有關"天地、鬼神、山川、草木、鳥獸、昆蟲、雜物、奇怪、王制、禮儀，世間人事莫不畢載"，歷來世所欽服。當代學界視《說文解字》為百科全書式的著作，其中含有關於古代科技知識和成就的豐富材料。《說文解字》保留了大量的古音、古訓和古制材料，不但於研治訓詁學、音韻學、歷史學、考古學必不可少，對研究古代科學技術史也不可或缺。

古代科學技術作為中華文明史的重要組成部分，早就廣受《說文》研究者關注。清代名家輩出，常有真知灼見，散見於有關專書。甲骨學別開生面，此後分散於各類書刊論及《說文》與古代科技的著述數不勝數。自 20 世紀 80 年代起，有些《說文》專著開始將《說文》與古代科學技術單列章節，擇要介紹，如陸宗達的《說文解字通論》（1981）、余國慶的《說文學導論》（1995）等。跨入 21 世紀，專門著作開始出現。如王平的《〈說文〉與中國古代科技》（2001）用現代科學的分類方法，按天文學、農學、醫學、數學、物理學、化學和地理學對《說文》的內容進行了分類研究。

筆者 1968 年畢業於上海交通大學無綫電系，1978 年讀杭州大學物理系研究生，師從王錦光先生學習中國物理學史。1981年畢業留校任教，進歷史系文物博物館學專業，主要講授中國科技史。多年來得益於科技史和文史兩界的師友之助，筆耕未輟。近些年有幸加入"復旦大學出土文獻和古文字研究中心"名物訓詁研究團隊，與該中心汪少華等先生多有交流，獲助甚大。今受"説文學小叢書"主編王雲路、劉釗兩先生之邀，承擔其中《〈説文〉與古代科技》一書的編寫工作，不勝榮幸。欲在這本小書的構架內，融《説文》與古代科技兩大富礦於一爐，鑄就後出轉精之品，並非易事，願勉力而為。

本書主體分作八章，按古代學科分類。天、算、農、醫是中國傳統科學技術的主體和強項，毫無疑問應各佔一章；其他四章之選各有考量。簡介如下：

第一章"觀天步曆思宇宙"：古人仰觀天象，累積天文學知識。木星古稱歲星，曾在曆數中舉足輕重。天文史家席澤宗發現的戰國時代曾用肉眼觀察到木衛三，就與星占術及太歲紀年相關。在夏商周斷代工程中，歲星天象是求證武王克商年的重要證據之一。青銅文化勃興，遠古七衡圖得其所載，遂有七衡圖銅鏡流傳不絕；左圖右史，相應文字載於《周髀算經》，解説推衍。又見三方三圓天地學説，至出土秦簡《陳起》發展為三方三圓四卦立體天地模型，異峰突起。更有諸子百家論宇宙，説宙合，思考無限時空，思想勇邁古今。

第二章"計數規矩傳嘉量"：中國數學源遠流長，與遠古天文學一起成長。經過洪水時代的洗禮，古人使規矩，用圓方，發明用矩之道，多有創造。至周初商高，已經用古樸的語言給出了勾股定理的普適證明。從陶寺古尺到《考工記》栗氏量尺，玉質圭璧度尺形成優良傳統。解析齊國六種量制的演變和嘉量"庑旁"的源流，可見先秦度量衡走向統一乃大勢所趨。

第三章"三農九穀考名實"：神州大地，以農立國，"民以食為天"，黄河、長江兩大流域和相鄰地區的農耕文明各有特點，共創輝煌歷史。清儒程瑶田手持《説文》"真寶書"，涉足農史，推出名作《九穀考》，毁譽起伏。今在學界已有成果的基礎上，接續《九穀考》未竟之業，通過梳理九穀名實，加深對古代農業糧食主綫及相關問題的認識。

第四章"醫療藥樂衛人生"：《説文》作為百科全書式的著作，有關人身醫藥衛生的知識亦非常豐富，千百年間，曾為芸芸衆生提供了醫藥基本常識和養生之道。《説文》醫藥與《内經》《神農本草經》等傳世文獻有共同的學術來源。不斷面世的出土醫學文獻，包括新近公布的《天回醫簡》，也可通過《説文》等整理研究，追本溯源，古為今用。

第五章"立中測影量天地"：中華文明探源工程舉世矚目。何以中國？何為立中？時為學術熱點，爭鳴莫衷一是。本章從《説文》"中"字入手，去蕪存精，通過上溯陶寺槷表，實物分析，透析甲骨文"中"字演變與立表測影的關係，發現"中"字一字多義適用於表旗分立，兩者關係密切然非共建。至《韓非子》"故先王立司南以端朝夕"，形成了影響深遠的立表測影傳統。

第六章"引重致遠駕馬車"：七八千年前百越先民在獨木舟上蕩起雙槳。上古承載夏代雙輪車的道道轍痕給當代研究者帶來新的希望。服象、服牛、乘馬，畜力代人力服勞，引重致遠，以利天下。追踪由直轅到曲轅的歷程，有助於瞭解中國馬車製造如何吸收新知，後來居上。繼《考工記》論車之後，《説文》車部及其相關内容是古車與名物和科技知識的又一經典。

第七章《水浮瓢針司南酌》：四大發明各有精彩歷史。司南是指南針的前身。《鬼谷子》時代，先秦磁石吸引中國獨有的鋼針，開啓了東方特色的磁針司南之路。本章以《説文》等將《論衡》"司南之酌"、張説《詠瓢》"成天性"和韋肇《瓢賦》的"校司南"等通解，梳理中國磁針司南的發展史。司南時代一次又一次發現磁偏角，非磁石勺所能。一系列證據表明水浮瓢針司南酌才是指南針的真正前身。

第八章《科技訓詁析實例》：《説文》是科技訓詁首屈一指的有力工具。科技史家李志超生前指出："科技古文的考據訓詁原則上與普通考據訓詁無異，但仍有其鮮明特色。"本章就管見所及，舉例説明科技訓詁的主要特色及注意要點。如果科技史不同觀點之爭起因於訓詁，其中往往有偷換概念或以今律古的影子。

"《説文》與古代科技"是一個大題目，限於篇幅，雖例舉八章，許多方面仍只能點到為止，誠望讀者鑒諒。除了彰顯學界研究成果，筆者願獻一得之見。憾於本人才識有限，不免存在錯漏之處。歡迎讀者方家批評指正，以便有機會時修訂完善。

2023 年 12 月

聞人軍於美國加州陽光谷

目　録

第一章　觀天步曆思宇宙

古代天文學包括天象觀測、制訂曆法、氣象知識等，且與星占術密不可分。古代天文學是歷代統治者上承天命、維護王權、授時施政所繫，一直為官方所重視。季節、節氣、氣象、物候知識與農業生產、百姓生活息息相關，故基本常識普及民眾。天文學領域是中國古代科技的一大寶藏。《說文解字》不僅是開啓此寶藏屢試不爽的利器，其本身也包含大量的古代天文學知識。

一　天與天文

整部《説文》開宗明義曰：“一，惟初太始（極），道立於一。造分天地，化成萬物。”“一”即太一，也即太極，天地萬物由此造化而來。這是極簡版宇宙起源論。《易·繫辭上》曰：“易有大極，是生兩儀，兩儀生四象，四象生八卦。”“大”通“太”，“大極”即“太極”。

“天”字的甲骨文作𡗝、𡗞，金文作𡗐。《説文·一部》曰：“天，顛也。至高無上，从一大。”天、顛同字，是一語的變易。《説文·大部》曰：“天大，地大，人亦大。故大象人形。古文大也。”故“从大”之“大”即人。“从一”之“一”為指事，卜辭作口、一、二，金文作•、一、二，當指人體的高端，一般（如《漢語大詞典》）釋為頭頂。但學術界有不同的觀點，如楊琳認為甲骨文"天"字當分析為"从丁（頂之初文）从大"，從古文獻用例來看，天的本義為頭。[①] 又如曾沉睡陝西寶雞地下 3000 年的國寶何尊，因其銘文中赫然出現"宅兹中國"，研究者不計其數。何尊銘文中有四個人形的"天"字，阿城解讀為："這個'天'，是天極神，上帝，因為它的頭，是個圓疙瘩，那就是北極星，天極，是一，太一。"[②] 均有新意，可為一說。

在古人心目中，天有多重特質和表徵。馮友蘭的《中國哲學史》說"天"有五義：物質之天，主宰之天，運命之天，自然之天，義理之天。[③]1946 年到 1947 年，馮友蘭在美國賓夕法尼亞大學講授中國哲學史時說："我的同事金岳霖教授曾說：'我們若將"天"既解為自然之天，又解為主宰自然的上帝之天，時而強調這個解釋，時而強調另一個解釋，這樣我們也許就接近了這個中國名詞的幾分真諦。'"[④] 所以古文獻中的"天"字，其文意往往取決於上下文。無論如何，歲月流逝，天的雙重身份——人格化的神秘的天和自然界的依客觀規律運行的天，不斷引起新舊觀念的撞擊，促進科學思想的發展。

[①] 楊琳《訓詁方法新探》，北京：商務印書館，2011 年，第 51—52 頁。

[②] 阿城《曇曜五窟：文明的造型探源》，北京：中華書局，2019 年，第 6 頁。

[③] 馮友蘭《中國哲學史》（增訂本），上海：商務印書館，1944 年，第 55 頁。

[④] 馮友蘭《中國哲學簡史》，涂又光譯，北京：北京大學出版社，1985 年，第 226 頁。

　　《説文》所揭示的"惟初太始（極），道立於一"，文風甚古。"一"義同太極，為道之本。《老子》創"道生一，一生二，二生三，三生萬物"之説，成為戰國宇宙論的鼻祖。這時期也催生出屈原的《天問》："遂古之初，誰傳道之？上下未形，何由考之？……天何所沓？十二焉分？日月安屬？列星安陳？……"縱論古今，橫跨文理，欲探蒼天奧秘。

　　天文學之發端，由《易·繫辭下》"古者包犧氏之王天下也，仰則觀象於天，俯則觀法於地"作了高度概括。《説文·文部》曰："文，錯畫也。象交文。"天文就是天象。《淮南子·天文訓》高誘題解："文者，象也。天先垂文，象日月五星及彗孛，皆謂以譴告一人，故曰天文，因以名篇。"句中"一人"指天子，即人間君主。按古人的理解，天人相感，人格化的上天以日月星辰及彗孛的有規律或異常的運動形式昭示天意。由此逐漸形成一套星占學説，與反映天象自身規律的天文學糾纏不休。

　　由於天文學知識事關君權神授、國計民生，上上下下早就極為重視。顧炎武《日知録》卷三十説："三代以上，人人皆知天文。'七月流火'，農夫之辭也；'三星在天'，婦人之語也；'月離於畢'，戍卒之作也；'龍尾伏晨'，兒童之謡也。後世文人學士，有問之而茫然不知者矣。"顧炎武的名言説明三代以上天象知識十分普及。當然，顧氏亦不忘指出："若曆法，則古人不及近代之密。"但他沒有料到，數百年後，由於衆所矚目的夏商周斷代工程和武王克商年的爭議，久受冷落的歲星將重回熱點。

二　曆與曆法

《尚書·堯典》曰："歷象日月星辰，敬授民時。"説明古代曆法建立在古代天文學的基礎上。早在觀象授時的年代，曆已發端。曆，甲骨文作秝（秝）或秝，金文作秝（秝）或秝。在秝下加止（步）成歷，或加日成曆。《説文》對這幾個字均有説解。《説文·秝部》："秝，稀疏適也。从二禾，凡秝之屬皆从秝，讀若歷。"章太炎《文始》依王念孫、段玉裁二家之補字，將其訂正為"秝，稀疏適歷也"，認為"从二禾，引伸為調適義"。《説文·厂部》曰："厤，治也。从厂秝聲。"厤為治玉，治玉的過程就是人工雕琢使之"稀疏適也"。《説文·止部》曰："歷，過也。从止厤聲。"段玉裁注："過也，傳也。引伸為治曆明時之曆。"《説文·日部》新附字曰："曆，厤象也。从日厤聲。《史記》通用歷。"《説文·甘部》曰："䧺，和也，从甘从厤。厤，調也。甘亦聲，讀若函。"據段注和王筠《説文句讀》當校正為："䧺，和也，从甘从厤。厤，調也。甘亦聲，讀若函。"厤（曆）相當於後世的"調和"。

在農事，曆本為禾稼行列整齊，疏密得當。在授時，引申為根據天象的變化規律，大致調適年、月、日、時及四時節氣，以利安排農業生產與生活。調適的過程就是制曆，後來發展為專業性強的推步，即對日月星辰（主要是日月）的運行時間進行計算，使日繞地球一圈（的視運動）所形成的溫暑涼寒四時交替，與月繞地球周而復始所呈現的月相變化，相互配合得大體一致。

"年"字起源甚早，甲骨文作秝，上部是一束禾穀的象形，下部象一個背負禾穀的人，合成之字意謂穀熟收成。在金文中，

"年"字的寫法亦从禾、从人。在小篆中，"年"字的寫法變為"上禾下千"。"年"與"千"的讀音相近。《說文·禾部》曰："季，穀孰也。从禾千聲。《春秋傳》曰：'大有季。'"但容庚《金文編》云："年，从禾，从人，人亦聲。"總之，年的本義是年成，五穀成熟。月亮繞地球一周的時間為一月，十二個月為一年，合354天或355天，屬今人俗稱之陰曆。

歲，甲骨文作𢆉，金文作𢦦。一說認為从左右兩止（足），兩足成"步"，本義是步歲；另一說以為甲骨文本義是行刑或"割"，莊稼每年收獲一次，故引申為年歲義。歲指地球繞太陽（或太陽繞地球的視運動）一周的時間，含春夏秋冬共二十四節氣，俗稱陽曆。按《尚書·堯典》的說法，歲"三百有六旬有六日"。因歲大年小，天數不齊，故第一說較為合理。

《周禮·春官》曰"正歲年"，鄭玄注："中數曰歲，朔數曰年。中、朔大小不齊，正之以閏。"中數指某年某中氣（如冬至）至下一年該中氣之日數。朔數指某年正月朔至下一年正月朔之日數。正歲年即通過置閏月造曆的辦法，將歲與年協調在陰陽合曆之中。

古人在用圭表測冬至日影的長期過程中，不斷積累數據。春秋中期以後，測量出一回歸年為365.25日，到戰國初期創制、行用四分曆。①《毛詩正義》卷十九孔穎達疏："天道三年一閏，五年再閏。"古人置閏，首選三、五。但"三年一閏"還有餘分，置閏太少；若"五年再閏"，則置閏太多。四分曆採用較精密的"十九

①　張聞玉《古代天文曆法講座》，桂林：廣西師範大學出版社，2008年，第6頁。

年七閏”之法。《後漢書·律曆志中》曰:“案曆法,黄帝、顓頊、夏、殷、周、魯,凡六家,各自有元。”“元”指曆元,為古代曆法起算的基準點。這六種起於戰國初年而傳於漢初的古曆合稱古六曆,都是四分曆。古六曆的歲實(回歸年)、朔策(朔望月)完全相同,其不同主要是曆元、施行地區和所用的歲首。《鶡冠子·環流》云:“斗柄東指,天下皆春。斗柄南指,天下皆夏。斗柄西指,天下皆秋。斗柄北指,天下皆冬。”如進一步細分,用地支指代方位,按北斗柄所指定出月份,是謂“斗建”。如夏曆以春一月為首月(相當於干支曆建寅)。假名殷商的殷曆,以冬十二月為首月(相當於建丑),以正好處在殷商朝代的公元前1567年作為其曆元起點。張汝舟認為,《史記·曆書·曆術甲子篇》是古四分曆的曆算寶書。殷曆為中國有曆法之始,創制於戰國初年,乃是以周考王十四年(前427)的實測天象制成的曆譜。①

三 歲星與歲術

《説文·步部》曰:“歲,木星也。越歷二十八宿,宣徧陰陽,十二月一次。从步戌聲。《律歷書》名五星為五步。”許慎的這段説解,是講歲術的。太陽系的五大行星——木、金、土、火、水,各有其古名。木星的古名是“歲”,即歲星。歲星繞一周天大約11.8622回歸年,但先秦疇人以為正好是12年,合於帶有周期性

---

① 張汝舟《二毋室古代天文曆法論叢》,杭州:浙江古籍出版社,1987年,第88頁。

的天道之數。殷商和西周均依商王、周王的在位年數來紀年。春秋以降，周王勢弱，儘管周王仍用自己的在位年數紀年，但諸侯國各自為政，紛紛以本國諸侯在位年數紀年。由是世上紀年混亂，頗為不便。

中國古代天文星占學為了便於觀測天象，將天區劃分為三垣二十八宿，二十八宿是環繞黃道、赤道帶天區的二十八個星官（恒星群），間距不等。《左傳·哀公七年》曰："周之王也，制禮，上物不過十二，以為天之大數也。"先秦古人為了表示歲星位置，把天赤道一帶天區自西向東劃分為十二等分，叫作十二次，與星占分野相結合。後來受西方十二宮的影響，"才演變為沿黃道劃分，成為類似西方的十二宮，表示太陽在一個回歸年中所經過的黃道帶十二個天區"[1]。"次"是"星之躔舍"之意。《説文》意謂歲星每年（十二個月）行一"次"，每十二年行一周天，先後越經二十八宿，全過程遍歷陰陽變化。按歲星行進的方向，"十二次"之名依次為：星紀、玄枵、娵訾、降婁、大梁、實沈、鶉首、鶉火、鶉尾、壽星、大火、析木。據《漢書·律曆志》，星紀的命名，"指牽牛之初，以紀日月，故曰星紀"，或謂"冬至點在牛宿初度，便以牛宿所在的星紀作為十二次之首"。[2]《説文·步部》曰："步，行也。"《説文》的"《律曆書》名五星為五步"指的是《漢書·律曆志》在"五步"的名下列出了五星運行的種種數據。

---

① 陳久金、王榮彬《新發現的一組十二星次圖》，《自然科學史研究》2021 年第 1 期。
② 鄭文光《中國天文學源流》，北京：科學出版社，1979 年，第 138 頁。

關於"从步戌聲"，段玉裁注："（歲星）行於天有常，故从步。戌，悉也，亦是會意。"張文虎《舒藝室隨筆》曰："文當云：'从步戌，亦聲'；蓋會意兼形聲也。"[1] 陸宗達《説文解字通論》的解釋是："'戌聲'即包含'越歷二十八宿，宣徧陰陽'之意。"[2] 但有些學者認為"戌聲"應為"戊聲"。

段玉裁注："歲、越疊韻，宣、歲雙聲。"朱駿聲《説文通訓定聲》已引《釋名·釋天》"歲，越也，越故限也"（"越故限"指歲星每次行越同樣的距離）為聲訓。1920 年林義光《文源》以金文資料説明歲、越同音，歲、戉互為本義和假借字。[3] 甲骨文中，有的"歲"字作何，象斧鉞形。郭沫若《甲骨文字研究·釋歲》以為"歲戉古本一字"。商承祚《殷虚文字》以為歲"从步戊聲"。今學界多認為，甲骨文"歲"與"戉"當是通假字的關係。或以為戉（鉞）為本義，歲為假借義；或説歲為本義，假借為戉（鉞）。兩説未有定論。

"戌"為十二地支之一。《説文·戌部》曰："戌，滅也。九月陽氣微，萬物畢成，陽下入地也。"又《説文·口部》："咸，皆也，悉也。从口从戌。戌，悉也。"九月為戌，萬物悉成，也是收割的季節。隨着殷墟甲骨分期分類研究的推進，歲與戌的關係也漸趨明朗。如陳劍例證："歷組卜辭年歲的'歲'字常常寫得跟'戌'字沒有區別"，説明"在歷組卜辭刻寫者的筆下，年

---

① 張文虎《舒藝室隨筆》卷二，魏得良校點，瀋陽：遼寧教育出版社，2003 年，第 37 頁。
② 陸宗達《説文解字通論》，北京：中華書局，2015 年，第 159 頁。
③ 丁福保《説文解字詁林》，北京：中華書局，1988 年，第 2414 頁。

歲的'歲'就可以寫作'戌'"。並指出："甲骨文裏表示祭名或用牲法的'歲'字，與年歲的'歲'字，在字形上已經出現分工的趨勢。"[①]也許我們可以説，在甲骨文一期，歲與戊、戌為通假字，但分化方向不同。戊（鉞）假借為表示祭名或用牲法的"歲"字，戌假借為表示年歲的"歲"字，後者當是許慎的説解所本。

《尚書·堯典》曰："以閏月定四時成歲。允釐百工，庶績咸熙。"孔傳："言定四時，成歲曆，以告時授事，則能信。"《堯典》的著作年代衆説紛紜。人們一般把此"歲曆"解釋成"年曆"，其實孔傳指的是與歲星有關的歲曆。《左傳》和《國語》中散見一些似用歲星紀年的記事。歲星行至某"次"，就稱為"歲在某"。《左傳·襄公二十八年》曰："歲在星紀而淫於玄枵。"儘管真偽性有爭議，但多數學者藉此等記載論歲星紀年。如張聞玉《古代天文曆法講座》視之為古人發現歲星超次的首次記載。歲星不足12年就行經一周天，每過80餘年就要發生一次歲星超次的現象，古人稱之為"超辰"或"跳辰"。上文襄公二十八年（前545），按歲曆推算，歲星應在"星紀"，但觀察到它在"玄枵"。（參見圖1-1）有些學者推算每過85或86年跳辰一次。不過歲星運行有順逆伏留，歲差也影響歲星的長期運行，實際跳辰周期略短。如《古代天文曆法講座》據文獻記載將"歲在星紀"和跳辰之年列表，顯示每83年跳辰一次。[②]《中國科學技術史·天文學卷》

---

① 陳劍《甲骨金文考釋論集》，北京：綫裝書局，2007年，第442—443頁。
② 張聞玉《古代天文曆法講座》，第232頁。

也說，約 83 年超辰一次。[1] 超辰的原因，一直到西漢劉歆才初步弄明白。但是劉歆求得超辰周期為 144 年，誤差太大。

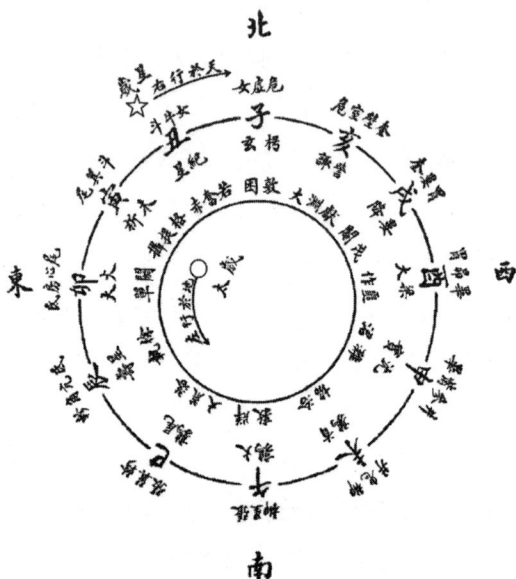

圖 1-1　十二次和十二歲名的對應關係[2]

歲星由西向東運行，與太陽周日視運動方向相反。古人用歲星紀年感到不便，於是假想一顆理想的數術地煞，稱為太歲（也叫歲陰），與天上的歲星反向運行，在地勻速運動，每 12 年一周，也可標示年份。如《周禮·馮相氏》曰："掌十有二歲、十有二月、十有二辰、十日、二十有八星之位，辨其敘事，以會天位。"

① 陳美東《中國科學技術史·天文學卷》，北京：科學出版社，2003 年，第 64 頁。
② 陸宗達《說文解字通論》，第 177 頁。

《周禮·保章氏》曰："以十有二歲之相，觀天下之妖祥。"鄭玄注："歲，謂太歲。歲星與日同次之月，斗所建之辰也。歲星為陽，右行于天，太歲為陰，左行于地，十二歲而小周。其妖祥之占，《甘氏歲星經》，其遺象也。"《史記·天官書》稱"歲陰左行在寅，歲星右轉居丑"，指出了太歲與歲星的對應關係。如歲星在星紀，太歲便在析木，即在寅，該年就稱"太歲在寅"；歲星在玄枵，太歲便在大火，即在卯，該年就稱"太歲在卯"。其餘類推。古人分別給"太歲在子""太歲在丑"等十二年使用一套奇特的名稱。在《爾雅》中，這十二個歲名依次是：困敦、赤奮若、攝提格、單閼、執徐、大荒落、敦牂、協洽、涒灘、作噩、閹茂、大淵獻。《史記·天官書》所載大同小異。

一般認為，戰國時這套名稱代替子、丑、寅、卯等十二支名用作年名，是為歲陰。後來年名也配上甲、乙、丙、丁等天干（在《爾雅》中，依次為閼逢、旃蒙、柔兆、彊圉、著雍、屠維、上章、重光、玄黓、昭陽），是為歲陽。歲陰、歲陽相配紀年，此後演變為干支紀年，組成六十個年名，六十年周而復始。20世紀起，一些學者開始對這個傳統說法表示不同觀點，以為古人觀測歲星宿次的首要目的乃是占驗。如王勝利認為："《左傳》《國語》中的歲星紀年法實際上是一種以每年歲星視位置為吉凶徵兆的占星術。……其主要用途與其說是為了紀年，不如說是為了星占。"創設歲陰也是為了占卜。[1] 近年陳侃理分析："戰國至秦漢

---

[1] 王勝利《星歲紀年管見》，載《中國天文學史文集》第五集，北京：科學出版社，1989年，第75頁。

之際的歲星和歲陰都還不具有普遍的長期性紀年意義，只是偶爾被用作某一年歲的標志性特徵。"認為"古人觀察和記錄歲星位置，主要是用於占驗而非紀年"，"歲陰主要用於星占以外的另一種數術：式占"。[1]

歲星用於星占的一個著名例子是戰國天文星占家甘德發現木衛。《周禮·保章氏》鄭玄注提到甘德著有《歲星經》。唐《開元占經》引甘氏曰："單閼之歲，攝提（指歲陰）在卯，歲星在子，與虛、危晨出夕入。其狀甚大，有光，若有小赤星附於其側，是謂同盟。"[2]席澤宗發現：甘德在公元前4世紀中葉（用中外資料推算是公元前364年）就觀測到了木星的衛星，最有可能是木衛三。[3]1980年10月8日，席澤宗在全國自然科學史學術會議上作了《伽利略前二千年甘德對木衛的發現》的報告。該論文事先給夏鼐看過，《夏鼐日記》中說："似頗合事實，但不一定是甘氏的發現，或為另一位視力超常人的觀察者所發現。"[4]席澤宗的這一發現已獲模擬實驗驗證。意大利科學家麥依耳（Simon Mayer）和伽利略（Galilei）先後於1610年初用望遠鏡觀測木星的四顆衛星。兩相對比，成了科學史上的一段佳話。若按公元前364年

---

[1] 陳侃理《秦漢的歲星與歲陰》，載《祝總斌先生九十華誕頌壽論文集》，北京：中華書局，2020年。

[2] 瞿曇悉達《開元占經》上冊，常秉義點校，北京：中央編譯出版社，2006年，第165—166頁。"攝提"原刊為"攝提格"。

[3] 席澤宗《伽利略前二千年甘德對木衛的發現》，《天體物理學報》1981年第2期。

[4] 夏鼐《夏鼐日記》卷八，1980年10月2日，上海：華東師範大學出版社，2009年。

對應"單閼之歲，太陰在卯，歲星在子"，可為歷史研究中的太歲紀年紀事提供一個有用的參考點。

歲陰、歲陽、歲星紀年十二次的名稱顯得十分另類，有些學者對其來歷作過推測，其說不一。歷代好古者不時借用這些奇怪的名稱。如屈原《離騷》云："攝提貞於孟陬兮，惟庚寅吾以降。"自述生於寅年正月庚寅。寅年對應於公曆何年，學界頗有異說，至今未有定論。又如戴震《考工記圖》後序曰："時柔兆攝提格日在南北河之間。""柔兆攝提格"指丙寅年（1746）。《史記·天官書》曰："東井為水事，其西曲星曰鉞。鉞北，北河；南，南河。"《禮記·月令》曰："仲夏之月，日在東井。"故《考工記圖》後序作於丙寅年（1746）仲夏之月。

四　武王克商與"歲在鶉火"

湯武革命，是三代驚天動地之舉。武王克商留下的口耳相傳或見諸文字的史料，各種天象記載，真偽難辨，釋讀不易。確定武王伐紂克商的年份事關重大，然長期懸而未決。自劉歆開始推算，垂二千年，中外無數學者殫精竭慮，各抒己見，曾先後提出多達44種武王克商年份（前1130至前1018年）。夏商周斷代工程專家組於2000年推出《夏商周斷代工程：1996—2000年階段成果報告（簡本）》，2022年發表《夏商周斷代工程報告》定本。定本說："公元前1046年方案是將已知的文獻所及各種條件作為基本依據，全面分析了有關天象的規律以及它們對克商年的可能影響，利用'夏商周斷代工程'研究採用的'月相'詞含義分析《武成》曆日，並採用'歲在鶉火'和伐紂在冬季的信息，通過天文計算逐層篩選而直接得出的結果，與絕大多數天象曆日記載都能吻合或相容，並能與'夏商周斷代工程'西周金文曆譜銜接較好，是迄今為止符合條件最多的一個年代，所以'夏商周斷代工程'定其為武王克商之年。"[1] 定本雖定克商日為公元前 1046 年 1 月 20 日，但武王克商之年的難題猶未最後攻克。

對武王克商年的天象史料，定本討論了《尚書·武成》《逸周書·世俘》及其他傳世文獻中的有關記載，利簋及其銘文"歲鼎"的解釋，《國語》中伶州鳩語的性質，涉及歲星運行、曆日、月相等天象記錄，也是古代天文與星占學交疊的一個典型案例。

就歲星而論，《國語·周語下》載，周景王二十三年（前522），伶州鳩曰："昔武王克商，歲在鶉火，月在天駟，日在析木之津，辰在斗柄，星在天黿。星與日辰之位皆在北維。"《淮南子·兵略訓》曰："武王伐紂，東面而迎歲。"不少學者曾質疑伶州鳩所言"歲在鶉火"的天象靠不住，有些甚至認為是偽史料。但專家組認為："周朝樂官世代相傳着一套與武王伐紂事迹有關的樂律及占候的理論，其起源有可能早到周初。'歲在鶉火'等天象，就是在這套理論中流傳下來的。"[2] 這種推測是合理的，試

① 夏商周斷代工程專家組《夏商周斷代工程報告》，北京：科學出版社，2022 年，第 183 頁。
② 同上書，第 165 頁。

舉清代道光末年出土於陝西岐山的大禮簋（即天亡簋）為例：周武王在即將出兵滅商前，為文王的受命稱王補行祀天大禮，以鼓舞士氣。諒為樂官的"朕"主持"作筓""作鏞"工作而有功勞，受到武王的勉勵。於是"朕"將武王舉行祀天大禮、自己因功受勉之事寫成銘文，鑄於用作禮器之簋上。[1] 故樂官世代相傳與武王伐紂事迹有關的天象言之成理。

1976 年陝西臨潼出土了西周初的青銅器利簋，其底部鑄有 32 字銘文，開首曰："珷征商，唯甲子朝（早晨），歲鼎，克聞，夙（日出）有商。"明確記載克商之戰在"甲子"日晨，但無年月資訊。學界對此十分重視，李學勤等多名學者曾著文論證此器是成王世器。[2] 定本採納張政烺的釋讀，認為銘中"歲"指歲星，即木星，"鼎"應讀為"貞"，訓作"當"，指歲星正當中天，是短時間內的現象。這與《國語·周語下》伶州鳩所言"歲在鶉火"的天象相容。

《史記·宋微子世家》記載：武王既克殷，訪問箕子。箕子對曰："天乃錫禹鴻範九等，常倫所序。"九等之四曰五紀。"五紀：一曰歲，二曰月，三曰日，四曰星辰，五曰歷數。"2021 年公布的戰國清華簡《五紀》曰："日、月、星、辰、歲，唯天五紀。"（簡3）[3] "歲"指歲星。《漢書·律歷志》曰："至周武王訪箕子，箕子言大法九章，而五紀明曆法。"顏師古注引孟康《漢書音義》曰："歲、月、日、星、

---

① 裘錫圭《大豐（禮）簋銘新釋》，《中華文史論叢》2023 年第 2 期。

② 李學勤《論覺公簋年代及有關問題》，載《慶祝何炳棣先生九十華誕論文集》，西安：三秦出版社，2008 年，第 425—428 頁。

③ 石小力《清華簡〈五紀〉中的二十八宿初探》，《文物》2021 年第 9 期。

辰，是謂五紀也。"五紀"名目，史有變遷，孟康所見"歲、月、日、星、辰"似為《尚書·洪範》原文。商周交替之際雖無歲星紀年法，人們對歲星卻十分重視。伶是樂官，多為世家。伶州鳩很可能出身樂官世家，或有"五紀"之類的資料世代相傳，故知歲、月、日、星、辰之位，其所言"歲在鶉火"不能輕易地否定。利簋銘文"歲鼎"當有天象根據。"歲在鶉火"和"歲鼎"講同一顆歲星在武王克商時的天象，這兩項史料的兼容是應有之義。但不出專家們所料，定本的解釋又面臨新一輪的檢驗。

2007 年朱鳳瀚發表《覺公簋與唐伯侯於晉》[1]，公布了原香港私人所藏的青銅器覺公簋，其銘文曰："覺公作妻姚簋，遘於王命唐伯侯於晉，惟王廿又八祀。"隨後又有不少專家參與研究，傾向於覺公簋是成王二十八年器。定本提供的曆表體系中，成王在位 22 年，於是"無論定該簋於成王時還是康王時，都會使'夏商周斷代工程'的所推成、康年代需要修改"[2]，這便牽涉到武王克商年的調整。

對此問題，期待專家們更全面地考察所需滿足的條件，也寄希望於發現新材料，採用更科學的方法，早日求得正解。

五　宇宙和宙合

《世說新語·排調》有"志大宇宙，勇邁終古"之語。劉孝

---

① 朱鳳瀚《覺公簋與唐伯侯於晉》，《考古》2007 年第 3 期。
② 夏商周斷代工程專家組《夏商周斷代工程報告》，第 79 頁。

標注引《尸子》曰："天地四方曰宇，往古來今曰宙。"[1] 尸子即尸佼（約前390—前330），為戰國中期著名的政治家和雜家，曾參與商鞅變法的策劃。尸子給宇宙下的定義不是憑空而來的。

　　《説文·宀部》曰："宇，屋邊也。從宀于聲。《易》曰：'上棟下宇。'""宙，舟輿所極覆也。從宀由聲。"《考工記·輪人》描述車蓋曰"上欲尊而宇欲卑"，"宇"指車蓋的外緣。周髀家言："天圓如張蓋，地方如棋局。"故"宇"由屋檐引申為車蓋外緣，直至天蓋的外緣。"宇宙"的"宙"，詞義經過多次引申。東漢王延壽作《魯靈光殿賦》，被收入《昭明文選》，其文有云："廓宇宙而作京。"古注曰："天所覆為宇，中所由為宙也。"段玉裁《説文解字注》引韋昭曰："天宇所受曰宙。"清儒程瑶田和段玉裁把許慎和古代注家的解釋申講。程瑶田引高誘《淮南子注》云："宇，屋檐也；宙，棟梁也。《易》曰：上棟下宇也。"程氏認為："棟，宙也。上棟下宇，猶言上宙下宇也。"[2] 段玉裁注："覆者，反也，與復同，往來也。舟輿所極覆者，謂舟車自此至彼而復還此，如循環然。故其字從由。如軸字從由也。訓詁家皆言上下四方曰宇，往古來今曰宙。由今溯古，復由古沿今。此正如舟車自此至彼，復自彼至此，皆如循環然。"並進一步小結為："然則宙之本義謂棟，一演之為舟輿所極覆，再演之為往古來今，則從宀為天地矣。"然而"宙"猶有更深層的本義。

---

① 楊勇《世説新語校箋》卷二十五，台北：台灣時代書局，1975年，第599頁。

② 程瑶田《程瑶田全集》第一冊，陳冠明等校點，合肥：黃山書社，2008年，第456頁。

《説文·宀部》曰："宀，交覆深屋也。象形。"阿城解讀何尊銘文時認為："我們再看這篇銘文裏的'宗''室''宅''寶'，都是在宀裏的字，這四個字，都有寶蓋頭'宀'，這個宀，象形都是類似宗教建築。……如果我們考察金文裏所有以宀組合的字，都含有祭祀的意思。"①《説文》中帶"宀"的文字並不都與祭祀有關，但是宇、宙兩字中的"宀"所代表的的確不是普通的民居，而是夏之世室、殷商之重屋、周之明堂一類的祭祀建築。上棟喻為上天，棟是至高無上的天在這類宗教建築中的化身。由此引申，可下接段玉裁的小結。

春秋戰國諸子蜂起，百家爭鳴，先賢們多熱衷於探索宇宙的概念並樂此不疲。《墨子·經上》曰："久，彌異時也。宇，彌異所也。"② 這應是墨翟本人所言。《説文·久部》："久，以後灸之，象人兩脛後有距也。"段玉裁注："蓋久本義訓从後距之，引伸之則凡距塞皆曰久……相距則其候必遲，故又引伸為遲久，遲久之義行而本義廢矣。"伍非百説："墨子謂之'久'，諸家謂之'宙'，其義一也。其後'宙'行而'久'廢矣。"③ 上述經文可譯為：久，包含不同的時間。宇，涵蓋所有的空間。墨家弟子後學的《經説上》曰："久，古今旦莫。宇，東西家南北。"《説文·茻部》："莫，日且冥也。从日在茻中。""莫"引申為"暮"。孫詒讓案："家猶

① 阿城《曇曜五窟：文明的造型探源》，第8頁。
② 孫詒讓《墨子閒詁》卷十，上海：商務印書館，萬有文庫本，1931年，第74頁。
③ 伍非百《中國古名家言》上冊，北京：中國社會科學出版社，1983年，第9頁。

中也。四方無定名，必以家所處為中，故著家於方名之間。"① 程
貞一分析"家"字表示以可動的個體為中心定義方向，"這的確
是座標概念的一個醒目的先導"。②《經說上》此句可譯為：久，
古往今來晨暮終始。宇，中央和東西南北四方。尸佼晚於墨翟，
其宇、宙之說受到墨家的影響，但有所創造。尸子所言，"宇"
已擴展為三維空間，且調整為宇在前，宙在後。

文子（一曰號計然）傳為老子的弟子。《文子》為西漢時已
露面的先秦古籍，但古本《文子》已佚，今本《文子》的真偽混
雜難辨，其中摻雜了墨子之後的文字。今本《文子·自然篇》曰：
"樸至大者無形狀，道至大者無度量，故天圓不中規，地方不中
矩。往古來今謂之宙，四方上下謂之宇，道在其中而莫知其所。"③
《文子》所述也是宙在前，宇在後，與《墨經》同，亦符合上宙
下宇的次第。然在百家爭鳴中脫穎而出者是尸子表述的無限時空
觀，又為道家所吸收。

《莊子·內篇·齊物論》曰："旁日月，挾宇宙，為其脗合，
置其滑涽，以隸相尊。"④ 這是現存文獻中首次出現將"宇宙"兩
字合為一體的用例，從此"宇宙"兩字聯袂登場，成為中國古代

---

① 孫詒讓《墨子閒詁》卷十，第 88 頁。

② Chen Cheng–Yih. *Early Chinese Work in Natural Science: A Re-examination of the Physics of Motion, Acoustics, Astronomy and Scientific Thoughts.* Hong Kong University Press, 1996, p. 3.

③ 唐突生、滕蜜《文子釋譯》，武漢：湖北人民出版社，2012 年，第 190 頁。

④ 錢穆《莊子纂箋》，北京：九州出版社，2011 年，第 21 頁。

時空觀的專有名詞。老莊後學繼續闡述之,《莊子·雜篇·庚桑楚》云:"有實而無乎處者,宇也。有長而無本剽者,宙也。"①

宇宙概念進入兩漢文壇,增光添彩。班固《漢書·司馬相如傳》所載《子虛賦》云:"追怪物,出宇宙。"《漢書·敘傳》進一步科學幻想:"攄意乎宇宙之外,銳思於豪芒之內。"揚雄《太玄經·太玄攤》曰:"闔天謂之宇,闢宇謂之宙。"這類思辨是宇宙有限論的反映。渾天家的宇宙包括人類所能感知的範圍之外的世界。張衡《靈憲》云:"未之或知者,宇宙之謂也。宇之表無極,宙之端無窮。"他的思辨將無限時空觀發揚光大。

1814年英國傳教士馬禮遜(Robert Morrison, 1782—1834)編成《華英字典》,於1815年至1823年在澳門陸續出版,書中將"宇宙"譯為universe。英語的universe起源於古法語的univers,而該詞又源自於拉丁語的universum,各自源遠流長,至近代殊途同歸。按當今學界認知,哲學意義上的宇宙代表一切,沒有宇宙之外。而物理意義上的宇宙,在我們的宇宙之外,應該還有宇宙。只是迄今為止尚屬思辨,有待實驗證實。

古希臘畢達哥拉斯以降的哲學家,曾用"τòπᾶν"(一切)定義一切的物質與空間。先秦時期也有與之相當的哲學概念,號稱"宙合"。《老子》曰:"天地之間,其猶橐籥乎?"王弼注:"橐,排橐也。籥,樂籥也。"《管子·宙合》承之,曰:"天地萬物之橐,宙合有橐天地。……宙合之意,上通於天之上,下泉於地之下,外出於四海之外,合絡天地,以為一裹。""宙合"之義,古

---

① 錢穆《莊子纂箋》,第190頁。

今都有不同的解釋。一說取合絡義，釋"合"為動詞，以明末學者方以智的《物理小識》為代表。其卷二《占候類・藏智於物》稱："《管子》曰'宙合'，謂宙合宇也。灼然宙輪於宇，則宇中有宙，宙中有宇。"[①]《中國科學技術史・物理學卷》認為："在《管子》和方以智看來，時間和空間是彼此相關的，時間中有空間，空間中有時間。"[②] 另一說取六合義，釋"合"為名詞。《莊子・內篇・齊物論》曰："六合之外，聖人存而不論；六合之內，聖人論而不議。"[③] "六合"指上下四方。"宙合"可指宙和六合，引申為"天地萬物"，相當於哲學意義上的"一切"。此說以章太炎《訄書》為代表。古希臘的泰勒斯（Thalês）提出"水是萬物之本原"，故《訄書・顏學第十一》稱"惟佗流士（希臘人）亦謂宙合皆生於水"[④]。"宙合"語義雙關，曲高和寡。"宇宙"雅俗共賞，大行其道。

六　陳子與七衡圖天地模型

中國古代的宇宙理論，主要有蓋天說、渾天說和宣夜說。七衡圖是一種蓋天說日月視運行理論的模型，示意季節與日月視運行的理論關係。《周髀算經》（下文簡稱《周髀》）論七衡圖曰：

---

① 方以智《物理小識》卷二，光緒十年（1884）寧靜堂重刻本，第32b頁。
② 戴念祖《中國科學技術史・物理學卷》，北京：科學出版社，2001年，第57頁。
③ 錢穆《莊子纂箋》，第18頁。
④ 章炳麟《訄書》，北京：華夏出版社，2002年，第44頁。

"凡為日月運行之圓周，七衡周而六間，以當六月節。"七衡圖以圍繞天北極的七條等間距的同心圓，分別表示太陽在十二個中氣的周日平行圈。七衡之間共有六間，故七衡圖也叫七衡六間圖。（參見圖 1-2）《周髀》曰："凡為此圖，以丈為尺，以尺為寸，以寸為分。分一千里，凡用繒方八尺一寸。今用繒方四尺五分，分二千里。"《周髀》用上下疊合的兩幅圖組成了一種立體式天地演示模型。據趙爽注文，上圖叫青圖畫，下圖叫黃圖畫。傳本《周髀》上的七衡圖實際上就是那黃圖畫。[1]

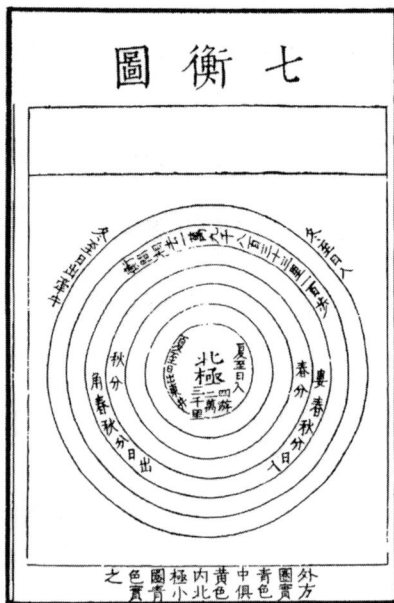

圖 1-2　七衡圖（據南宋本《周髀算經》，用明胡刻本校正）

---

[1] 程貞一、聞人軍《周髀算經譯注》，上海：上海古籍出版社，2012 年，第 96—97 頁。

　　青銅文化勃興，遠古七衡圖得其所載，遂有七衡圖銅鏡流傳不絕。1976 年發掘的殷墟婦好墓出土的商代晚期七周紋銅鏡（圖1-3），背面共有七個同心圓周和六個間隔。石璋如等曾有此銅鏡紋飾是否與"七衡六間"有關的推測，未能斷定。[①] 近據王奇的研究，已從所藏和學界公開發表的古銅鏡圖像資料中，釋讀出幾枚先秦七衡圖銅鏡。殷墟婦好墓七周紋銅鏡也是其中之一。承蒙惠允，在此引用一枚雲雷式七衡紋鏡圖（圖1-4）。此鏡年代不晚於春秋早期，以蓋天為形體，鏡鈕表極星，內圓表內衡，鏡緣表外衡。內、外衡之間鏤刻五衡、六周雲雷紋地子，每周雲雷紋代表一間，正好圖示《周髀》的七衡六間。附加的紋飾也頗有講究，如地子上隱起四龍，分布於四方，對應於四時，等等。[②] 兩鏡初步比較，即可感知現存文字載體中未能見到的發展軌跡和豐富細節。

圖 1-3　殷墟婦好墓商代晚期七周紋銅鏡[③]

---

① 石璋如《讀各家釋七衡圖、説蓋天説起源新例初稿》，載《中央研究院歷史語言研究所集刊》第六十八本第四分，1997 年，第 787—816 頁。
② 王奇《作鏡貞觀》，待刊。
③ 李建偉、牛瑞紅《中國青銅器圖錄》，北京：中國商業出版社，2000 年，第 465 頁。

圖 1-4　雲雷式七衡紋鏡 [1]

　　迄今所知第一個研究七衡圖的學者是陳子，名號未聞。在《周髀》中，他以"昔者榮方問於陳子"的方式出場。陳子"知日之高大，光之所照，一日所行，遠近之數，人所望見，四極之窮，列星之宿，天地之廣袤"。天文家石申是戰國時魏人，活動於公元前四世紀，曾引用過陳子蓋天模型中的一個特殊概念——光照半徑。故陳子可能活動於戰國初期。[2]《後漢書·馬融傳》載馬融《廣成頌》曰：廣成澤中，禽獸"群鳴膠膠，鄙驛噪讙"，難以計數，以至"隸首策亂，陳子籌昏"。此"陳子"指的是《周髀》中的陳子。[3]

　　陳子在建立他的蓋天説框架時，也推動了數學的發展。陳子發明的日高圖，以兩個直角三角形為主體構成，用一種"二望雙測法"

---

① 王奇《作鏡貞觀》。
② 程貞一、聞人軍《周髀算經譯注》，第 33 頁。
③ 曹方向《北大秦簡〈魯久次問數於陳起〉衡間圖淺探》，載《簡帛》第十六輯，上海：上海古籍出版社，2018 年，第 120—129 頁。

推算日高。[1] 陳子求得的陳子重差公式，成為劉徽重差術的基礎。[2]
陳子及其後學的研究，不但闡明了七衡圖的大小、原理和計算方法，
而且涉及其應用問題。《周髀》卷下七衡圖"日月之法"曰："冬至
晝極短，日出辰而入申。陽照三，不覆九。東西相當正南方。夏至
晝極長，日出寅而入戌。陽照九，不覆三。東西相當正北方。日出
左而入右，南北行。故冬至從坎，陽在子，日出巽而入坤，見日光少，
故曰寒。夏至從離，陰在午，日出艮而入乾，見日光多，故曰暑。……
外衡冬至，內衡夏至，六氣復返，皆謂中氣。陰陽之數，日月之法。"
下文"三方三圓"的天地模型也用到了此日月之法。

七　陳起與三方三圓四卦立體天地模型

北京大學 2010 年入藏一批秦簡牘，其中《算書》甲種的開
頭部分，由 32 枚竹簡、816 字組成，以其首句被命名為《魯久
次問數於陳起》（下文簡稱《陳起》）。陳起不見於傳世與其他出
土文獻，時代晚於陳子，學術思想也與陳子不盡相同，這二陳不
是同一人。

陳起指出："天下之物，無不用數者。夫天所蓋大也，地所
生之衆也，歲四時之至也，日月相代也，星辰之生（往）與來也，
五音六律生也，畢用數。"[3] 其中的歲和日、月、星、辰相當於《洪

---

① 程貞一、聞人軍《周髀算經譯注》，第 77 頁。
② 同上書，第 42 頁。
③ 韓巍《北大藏秦簡〈魯久次問數於陳起〉初讀》，《北京大學學報》（哲
　學社會科學版）2015 年第 2 期。

範》的五紀，對應於曆數；五音六律對應於律數。

《陳起》篇曰："地方三重，天圓三重，故曰三方三圓。規矩水繩，五音六律六間，皆存。"又曰："（黄帝、堯、舜、禹等聖人賢臣）以作命天下之法，以立鐘之副，副黄鐘以為十二律，以印記天下為十二時，命曰十二字，生五音、十日、廿八日宿。"又曰："大方大圓，命曰單薄之三；中方中圓，命曰日之七；小方小圓，命曰播之五。故曰：黄鐘之副，單薄之三，日之七，播之五，命為四卦，以卜天下。"① "三圓"之説，在上海博物館藏戰國楚竹書《舉治王天下》中已經出現，其《文王訪之於尚父舉治》曰："黄帝修三員（圓），備日行……日行衡運……庶遠而方，謂此日行也。"② 可與"三方三圓"説對讀。

2017年，陳鐿文、曲安京發表《北大秦簡〈魯久次問數於陳起〉中的宇宙模型》③ 一文，重構這種"三方三圓"天地模型。該文借《九章算術》中"方五斜七"的近似值成功解釋"播之五"與"日之七"分别與小圓和中圓的半徑對應，"通過小圓外切中方、中圓外切大方的嵌套結構，將小、中、大三組方圓聯繫起來"（參見圖1–5）。惜未能找到對簡文"單薄之三"的正確解釋。

① 韓巍《北大藏秦簡〈魯久次問數於陳起〉初讀》。
② 濮茅左《新出土戰國楚竹書研究》，上海：上海辭書出版社，2017年，第582—584頁。
③ 陳鐿文、曲安京《北大秦簡〈魯久次問數於陳起〉中的宇宙模型》，《文物》2017年第3期。

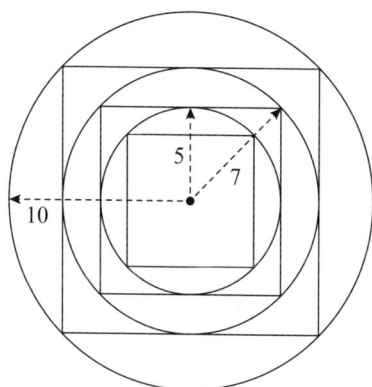

圖 1-5　陳鑣文、曲安京構建的陳起三方三圓宇宙模型

　　陳、曲文認為，"單布"曾在古籍中表示面積："我們沒有找到'薄'與'布'直接通假的證據，但是有間接通假的聯繫：布—敷—（傅，普）—博—薄。"因"薄"與"布"間接通假，所以陳起模型中的"單薄"表示面積。設大圓半徑為一個單位，取周三徑一為圓周率，其面積是三個單位，故稱"單薄之三"。然而，無論"薄"與"布"之間如何通假，總得以是否符合上下文意為準。不僅大圓為"周三徑一"，小圓和中圓都是"周三徑一"。假如正如陳、曲文所釋，單薄指面積，不僅大圓是"單薄之三"，小圓和中圓都是"單薄之三"。以這種方式描述大圓實無意義。實際上，大圓半徑是十，若"單薄"指面積，《陳起》應該稱大圓為"單薄之三百"才是。可見簡文中"單薄"不是表示面積的。

　　2018 年，曹方向發文提出了另一種解釋。他將《陳起》篇天地模型稱為"衡間圖"，認為《陳起》"'單薄之三''日之七'

和'播之五'分别是衡間圖上外、中、内衡的名稱。命名原則是
將三衡各用十二地支十二等分，以日出、日入對應的地支描述三
衡的日照情况"。① （參見圖1-6）

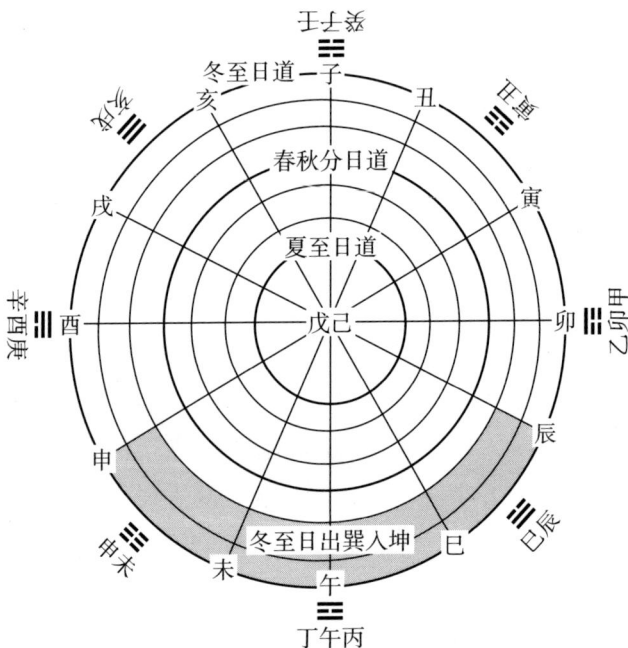

圖1-6　曹方向構建的衡間圖

　　此衡間圖的基本結構缺失"三方"，然曹文仍有可取之處。
曹文認為"單"即微弱，"薄"即晦暗。《周髀》冬至日的"見
日光少"，和簡文"單薄"二字語義相應。由此釋"單薄之三"
為巳、午、未三個地支位陽光微弱。《説文・艸部》曰："薄，

---

① 曹方向《北大秦簡〈魯久次問數於陳起〉衡間圖淺探》。

林薄也。一曰藟薄。"段玉裁注："引伸凡相迫皆曰薄。……凡物之單薄不厚者亦無閒可入。故引伸為厚薄之薄。"《周髀》曰冬至"見日光少，故曰：寒"。"單薄"是同義反覆，用它代表"日光少"和"寒"恰到好處。連白居易《賣炭翁》也云："可憐身上衣正單，心憂炭賤願天寒"。《周髀》曰："冬至晝極短，日出辰而入申。陽照三，不覆九。"曹文已指出這一點。此外，《周髀》又曰冬至"日出巽而入坤，見日光少"，共計巽、離、坤三個卦位"見日光少"而"寒"。無論是從十二地支還是後天八卦着眼，都貼合"單薄之三"之意。故《陳起》曰："大方大圓，命曰單薄之三。"如此一來，"單薄之三""播之五"和"日之七"就與占卜建立聯繫，才能與"黃鐘之副"配合，"命為四卦，以卜天下"。

關於簡文"四卦"，也許檢索有限，尚未見到釋讀。馮時曾提到，古代冬至祭天、夏至祭地是最重要的兩場大祀；"春分朝日於圜丘，秋分夕月於方丘"，也是一年中的大祭。[1] 因此，與三方三圓緊密聯繫的"四卦"，很可能是兩至兩分四時之卦。陳起的天地模型乃是由天圖和地圖組合而成的三維立體模型，或可稱之為"三方三圓四卦立體天地模型"。其基本結構和要素是：天圖和地圖以極星為軸。圓形天圖上有天圓三重。內外兩圓與七衡圖中的內、外二衡相同，中圓上承等比式蓋圖遺風，小、中、大三圓半徑成等比關係。為了透視三圓與三方相互嵌套的結構，天

---

[1] 馮時《中國天文考古學》，北京：中國社會科學出版社，2010 年，第479 頁。

圖可能以繒帛爲之。方形地圖上內有地方三重，三方的大小各
內接於天圖的三圓。三方上十二地支和後天八卦的劃分，表示
於外圍，後被秦漢式占地盤所取法。"黃鐘之副"的一些要素也
分布於外圍。故外圍上有天干、十二地支、後天八卦、二十八
宿等。（圖 1-7）東漢朝鮮樂浪遺址王盱墓出土的栻盤上，可以
見到其遺制。《陳起》記載的三方三圓四卦立體天地模型，圓
方層層嵌套設計，爲後世一些陵寢、祭祀和宗教建築等所借鑒，
應用廣泛。

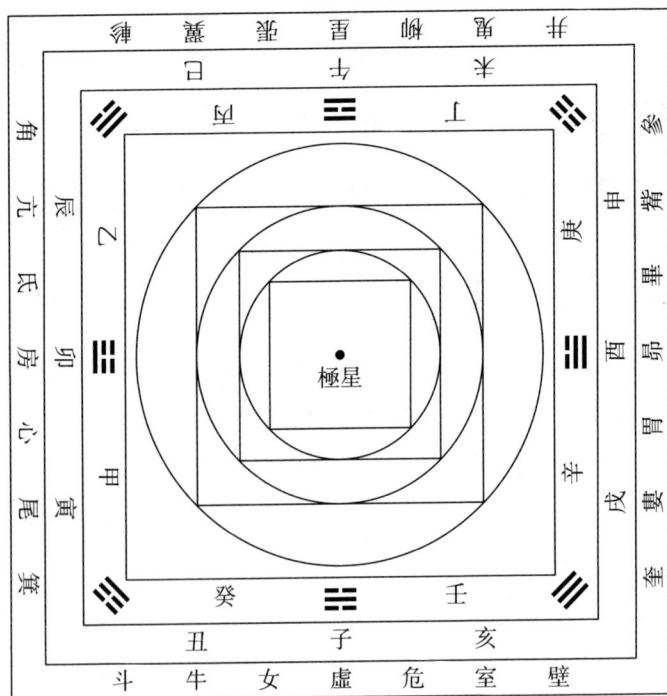

圖 1-7 《陳起》三方三圓四卦立體天地模型

第二章　計數規矩傳嘉量

《説文·田部》曰："疇，耕治之田也。从田。𠃌，象耕田溝詰屈之形。"（从王筠《説文句讀》）古者天文曆算、授時制曆服務於農業生産，故"疇"由農田之疇引申為疇人之疇。《史記·曆書》曰："幽厲之後，周室微，陪臣執政，史不記時，君不告朔，故疇人子弟分散。"裴駰《集解》引如淳曰："家業世世相傳為疇。律，年二十三，傅之疇官，各從其父學。"疇人本指世傳星曆算學者，後來無家世可考的天文數學家亦列入疇人，歷代群星燦爛。《説文·攴部》曰："數，計也。从攴婁聲。""數"之本義為計數，是疇人的基本功，屬《周禮》六藝（禮、樂、射、御、書、數）之一。"數"之引申，涵蓋範圍極廣。

一　算數之學與隸首作算數

何謂計數？《管子·七法》曰："剛柔也，輕重也，大小也，實虛也，遠近也，多少也，謂之計數。"羅見今認為，《管子·七法》所言在中算史上是第一次對"計數"所作的明確定義，其把硬度、重量、尺寸、密度、距離、數量等都歸為計數的對象，由此可知計數在當時猶言"測量""度量"和"計算"，亦即算數之學。[1]《説文·竹部》曰："算，數也。从竹，从具，讀若筭。""筭，長六寸，計歷數者。从竹，从弄，言常弄乃不誤也。""从竹，从弄"意爲"弄竹"，就是用算籌進行計算。一説以爲熟能生巧，故《説文》云"常弄乃不誤也"。段玉裁注："筭爲算之器，算爲筭之用。"器，器具；用，應用，在此指計算。算籌的運用代表疇人的算數水平。上揭馬融《廣成頌》曰：廣成遊獵地禽獸難以計數，以至"隸首策亂，陳子籌昏"。前文已討論陳子，"隸首"是何許人也？

《史記·歷書》司馬貞《索隱》引《繫本》（即《世本》）及《律歷志》曰"黄帝使……隸首作筭數"，意謂隸首發明了最早的計數法和簡單的運算法則。梁劉昭《補注後漢書》曰："《博物記》曰：'隸首，黄帝之臣。'一説，隸首善算術者也。"

《陳起》篇末句曰："凡數之寶莫急酈首，酈首者筭之始也，少廣者筭之市也，所求者毋不有也。"2014 年 12 月，韓巍提出："我覺得'隸首者筭之始也'似乎不能簡單解釋爲'隸首是算術的始祖'。是否存在另一種可能性？即'隸首'是中國古代對'九九乘法表'的一種別稱。"[2] 隨後有不少學者參與討論。程少軒説："雖然表示'九九乘法表'的'酈首''隸首'不見於傳世文獻，但這一術語見於其他出土文獻——放馬灘簡中也出現了這個詞，寫作'麗首'。將北大秦簡和放馬灘簡合觀，可以確定這的

---

① 羅見今《中算家的計數論》，北京：科學出版社，2022 年，第 111—113 頁。
② 韓巍《北大藏秦簡〈魯久次問數於陳起〉初讀》。

確就是'九九乘法表'的專名。"①程文追溯"隸首""麗首""酈首"的語源,指出"麗"可訓為"數"。《説文》:"斄,數也。""斄"在"麗"基礎上加義符"攴",表"計數"義。訓為"數""計數"的"麗""斄",與"算"應該是同源詞。"隸首""麗首""酈首"的本義是"算數之首",它們作為"九九乘法表"的專稱或許更早,傳説黃帝時代創造算數的先驅人物隸首,可能是稍晚時期附會而成。

由隸首聯想到遠古傳説中的其他發明家,如垂(倕)。《世本》曰:"垂作規矩準繩。"《尸子》曰:"古者倕為規矩準繩,使天下仿也。"準,通水,指原始的水準儀。繩,即繩垂,是繩下繫以重物,可作垂直綫。準、繩相配合即得直角,成矩。圓出於方,方出於矩。古代的矩也可以作圓。所以《世本》之類把規矩準繩的發明歸於一人。《説文·土部》:"垂,遠邊也。"垂、陲、倕、錘同源。遠古傳説時代創造繩垂的先驅人物"垂",《世本》説他還有許多發明,其中有多少稍晚時期附會的成分,也是值得另作討論和留待將來新資料的檢驗的。

二 箕子和商高

據《史記·宋微子世家》和《史記·周本紀》載,箕子是商王宗室,因諫紂王被囚。武王克商後,"釋箕子之囚"。張光

---

① 程少軒《也談"隸首"為"九九乘法表"專名》,載《出土文獻研究》第十五輯,上海:中西書局,2016年,第119—126頁。

直的《商代的巫與巫術》中提到一片周原 H31.2 號甲骨，指出上面的周原甲文"唯衣雞子來降"即"唯殷箕子來降"，"就是説殷的箕子來舉行降神儀式"，並認爲"商周時代的巫便是數學家"。[1] 箕子兼有巫和疇人的身份，在鎬京將商王朝繼承和發展的統治天下的經驗和思想總結概括爲"洪範九疇"，獻與武王。《説文》曰："洪，洚水也。"段玉裁注："《釋詁》曰：'洪，大也。'引伸之義也。"傳統觀念將"洪範"解釋爲"大法"。劉釗提出："應該將'洪範'的'洪'理解成'洪水'的'洪'才是。"[2]《周髀》曰："故禹之所以治天下者，此數之所生也。"洪水時代的洗禮，在"洪範"和"數"上都留下了印記，數學伴隨着天文學知識有了一個大幅的進步。《尚書》"洪範九疇"中的"五紀"，就是箕子上承大禹以降觀歲、月、日、星、辰之象，制曆授時之法則。

武王崩，成王少，周公旦代行政當國。周公營造洛邑，建明堂，制禮作樂，頒度量，都用到數。《周髀》載周公問於商高曰："竊聞乎大夫善數也，請問古者包犧立周天曆度……請問數安從出？"秦簡《陳起》曰："故夫古聖賢書竹白（帛）以教後世子孫，學者必慎毋忘數。"以前有些學者懷疑商高是假託的人物。李繼閔、曲安京曾考證，《中國方志叢書·商南縣志》卷八"人物志"載："［周］商高，黄帝之昆孫。以地得姓。周初封子男於商。

---

① 張光直《中國青銅時代》（二集），北京：生活·讀書·新知三聯書店，1990 年，第 43—45 頁。

② 劉釗《關於〈尚書·洪範〉篇名中"洪"字的理解》，http://www.fdgwz.org.cn/Web/Show/10973，2022–12–11。

精數學，《周髀》衍其説為算經。"《直隸商州志》卷一附録記載：
"商高，黃帝二十五子之昆孫，以地得姓。成王時封爵。"[1] 商高當
實有其人，是商末周初的數學家，精通規矩和勾股圓方術。

三　規矩和勾股圓方圖

《説文·工部》曰："巨，規巨也。从工，象手持之。""工，
巧飾也。象人有規榘也。與巫同意。"《説文·巫部》曰："巫，
祝也。……與工同意。"巨（矩）的金文作榘，象手持規矩之形。
傳説的創世先驅伏羲、女媧手持規矩圖（圖 2-1）具有豐富的象
徵意義。

圖 2-1　漢伏羲執矩（右）、女媧執規（左）畫像石[2]

---

[1] 李繼閔《"商高定理"辨正》，《自然科學史研究》1993 年第 1 期。
[2] 位於山東嘉祥武梁祠左石室第四石第三層。郭書春《中國科學技術
　　史·數學卷》，北京：科學出版社，2010 年，圖 1-1-11。

　　《説文》工巫互解，以規矩爲媒介。章太炎《文始》説："工有規矩之義，規矩皆與工雙聲。"《説文·夫部》曰："規，有法度也。从夫从見。"陳劍認爲"規矩"兩字關係極爲密切，可互相影響，"'規'字實應分析爲'從矩省、見聲'"。[1]張光直指出，工即矩，矩是掌握天地的象徵工具。巫師既是掌握這種工具、知天知地的智者、聖者，又是能通天通地的專家。[2]1983年起，遼寧省建平縣牛河梁發現了屬於紅山文化晚期的積石塚群等重要遺迹，距今約 5000 年。其中第二地點的 N2Z3 是一個圜形祭壇。[3]（圖 2-2）馮時認爲"牛河梁紅山文化的三環石壇是迄今所見史前時期最完整的蓋天宇宙論圖解"。[4]其三環直徑分别爲 11 米、15.6 米、22 米，構成 $1:\sqrt{2}:2$ 的等比數列。[5]故當年主其事的巫覡，確是既善知天文，又深通數學、善於用規矩的專家。

　　《周髀》保存了商高的"方圓之法"，其文曰："萬物周事而

① 陳劍《説"規"等字並論一些特别的形聲字意符》，http://www.fdgwz.org.cn/Web/Show/7845，2021-12-24。

② 張光直《中國青銅時代》（二集），第 42—43 頁。

③ 遼寧省文物考古研究所《牛河梁：紅山文化遺址發掘報告（1983—2003 年度）》上册，北京：文物出版社，2012 年，第 56 頁。

④ 馮時《紅山文化三環石壇的天文學研究——兼論中國最早的圜丘與方丘》，《北方文物》1993 年第 1 期。

⑤ 馮時《中國古代的天文與人文》，北京：中國社會科學出版社，2006 年，第 288 頁。

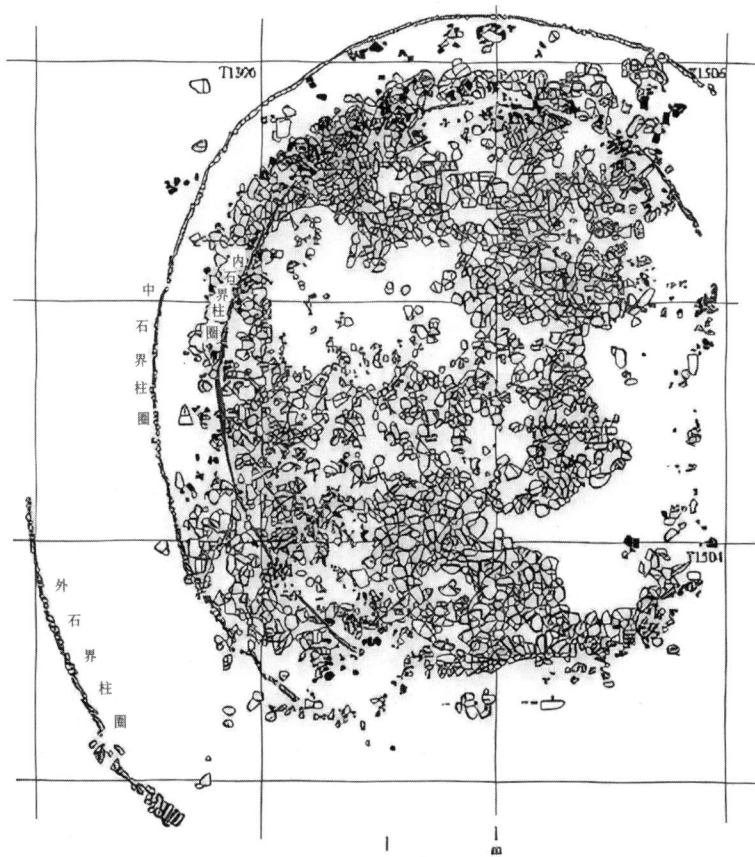

圖 2-2　牛河梁紅山文化遺址的圓形祭壇[①]

圓方用焉，大匠造制而規矩設焉。或毀方而為圓，或破圓而為方。圓中為方者謂之方圓，方中為圓者謂之圓方也。"商高不但是第

[①] 遼寧省文物考古研究所《牛河梁：紅山文化遺址發掘報告（1983—2003 年度）》，N2 圖八七。

一個全面闡述勾股圓方術理論的疇人，而且證明了勾股定理的普遍形式。

四　商高積矩定理即勾股定理

著名的勾股定理由來已久，從特殊勾股數的發現，到直角三角形中邊長之間普適關係的發現，再到勾股定理的嚴格證明，是一個漫長的過程。古往今來，中外證明勾股定理的方法多達 400 多種。據說古希臘的畢達哥拉斯學派發現了勾股定理，但其證明方法沒有流傳下來。現存古希臘人對勾股定理的最早證明，記載在歐幾里得的《幾何原本》中。

商高說："矩出於九九八十一。故折矩，以為勾廣三，股修四，徑隅五，既方之外，半其一矩，環而共盤，得成三四五，兩矩共長二十有五，是謂積矩。"自清代學者馮經的《周髀算經述》起，先後有不少學者，如程貞一、陳良佐、李國偉、李繼閔、曲安京等提出各種推導方案，大多肯定商高之言已包含勾股定理的一般性證明，但尚未獲得學界的普遍認可。《中國科學技術史·數學卷》說 "商高給出了勾三、股四、弦五的勾股定理之特例"，並表示原文甚為晦澀難解，一些學者 "認為該節含有勾股定理的一般性證明，很有啓發性。但由於缺環尚難彌補，我們不採此說"。[1]

---

[1] 郭書春《中國科學技術史·數學卷》，第 25 頁。

商高之言，文句古奧難解，經學界多年研究，已接近破解。今在前人研究的基礎上，進一步復原商高證明勾股定理普遍形式的過程。

趙爽的《周髀算經注》在用他自己的弦圖證明勾股定理時說：“案弦圖：又可以勾股相乘為朱實二……亦成弦實……”2002年，曲安京在《〈周髀算經〉新議》中指出：“‘又’字表示，在趙爽的弦圖之前應該還有一幅弦圖……在商高的答辭中一定隱含了一幅弦圖，並且此圖與傳本趙爽的弦圖應該有所不同。第二句話中的‘亦’字證明……它們都在證明勾股定理！”①《〈周髀算經〉新議》中的商高弦圖和趙爽弦圖均未顯示小格，但曲安京在其《中國曆法與數學》中已將商高弦圖和趙爽弦圖劃分為七七四十九個小格②，未加說明。

商高必然以圖輔說，周公才易聽懂。《説文·支部》曰：“故，使為之也。”舊説大多從“故折矩”開始討論勾股定理的證明。然“故折矩”上接“矩出於九九八十一”，“故折矩”的“故”字説明，“折矩”之“矩”即方數之矩。據下文商高文意，應為“七七四十九”之矩。這是商高推導弦圖之本。今作“商高積矩定理圖解”（圖2-3），以便解讀。

① 曲安京《〈周髀算經〉新議》，西安：陝西人民出版社，2002年，第30頁。
② 曲安京《中國曆法與數學》，北京：科學出版社，2005年，第9—11頁。

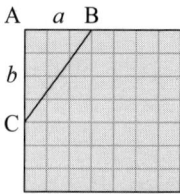

1. 故折矩，以為勾廣三，股修四，徑隅五

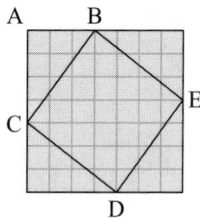

2. 既方之外

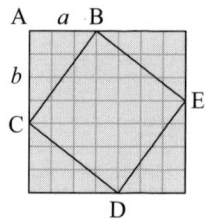

3. 半其一矩

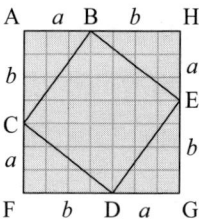

4. 環而共盤

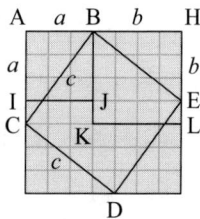

5. 得成三四五

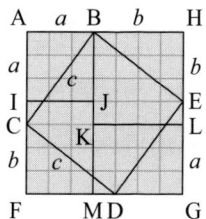

6. 兩矩共長二十有五

圖 2-3　商高積矩定理圖解

　　故折矩，以為勾廣三，股修四，徑隅五：折，本義為斷開。從"七七四十九"之矩上劃出一個直角 △ ABC。令勾邊為三，股邊為四，則徑隅（斜邊）為五。當時這個特殊勾股數已不是秘密，故商高信手拈來，無須解釋。

　　既方之外："既"通"即"。"既方之外"，趙爽注引為"既方其外"，義同。此句上接"徑隅五"，意謂即在徑隅（斜邊）外側作一個徑方。

　　半其一矩：取半個矩，即圖中直角 △ ABC。

　　環而共盤：以徑方為中心，環繞盤旋一周。

　　得成三四五："三四五"是商高弦圖之本名。《説文・彳部》曰："得，行有所得也。""得成三四五"，環而共盤的結果形成弦

圖 "三四五"，圖上呈現三之方（a^2）、四之方（b^2）和五之方（c^2）。但此時商高尚未指明三者之間的關係。有此弦圖，下文就能推導積矩定理的普遍形式。

兩矩共長二十有五："兩矩"指勾方（a^2）和股方（b^2）。"共長"，兩矩面積之和。"二十有五"，五五二十五，正好等於徑方面積。

利用上述弦圖，視 a、b、c 為任意長度：

因為：勾方 + 股方 =a^2+b^2= □ AFGH–（□ IFMJ+ □ KMGL）= □ AFGH–2ab。

徑方 =c^2= □ AFGH–4 △ ABC= □ AFGH–2ab。

所以：勾方 + 股方 = 徑方，即 $a^2+b^2=c^2$。至此商高已推導出勾股定理的普遍形式。其推導過程不必用到二項式定理，乾淨利落。

若以 3、4、5 為例代入此公式，結果就是：$3^2+4^2=5^2$，即兩矩共長五五二十有五。更明白易懂。

是謂積矩：簡潔而普適的 "積矩"（積聚成矩）之稱表明，商高所指不是特殊形式的 $3^2+4^2=5^2$，而是通用的勾方 + 股方 = 徑方。商高的積矩定理，自然等價於如今的勾股定理的普遍形式。商高使用的方法並沒有超出當時已有的數學知識和工具，乃是建立在 "整體為其部分的總和" 這一公理的基礎上，是後世劉徽出入相補法的前身。[1]

《説文·骨部》曰："髀，股也。"《説文·肉部》曰："股，

---

[1] 程貞一、聞人軍《周髀算經譯注》（修訂本），待刊。

髀也。"髀、股互訓，本義是大腿。《周髀》曰："周髀長八尺，夏至之日晷一尺六寸。髀者，股也。正晷者，勾也。"趙爽注："晷，影也。"人長八尺，立表測影始於以人身測影。發展到商高時代，立表測影技術已形成整套的理論。有周一代繼續發展，衍為《周髀》。針對榮方"周髀者何"的問題，陳子指出："古時天子治周，此數望之從周，故曰周髀。"這也是《周髀》一書得名的由來。對於勾股定理，陳子進一步總結為："若求邪至日者，以日下為勾，日高為股。勾、股各自乘，並而開方除之，得邪至日。"不少學者已指出，這一表述等價於勾股定理的一般形式。章鴻釗等發現，陳子所舉立表測影的例子中，應用了"勾股普遍定理"。[1] 鄒大海指出，陳子"能算出複雜的勾股弦問題，說明他確實知道一般形式的勾股定理"，"所以他在湊 3:4:5 的比例時，用一般性的表達方法"。並特別強調，"開方"不是一般簡單的算法，陳子的表達形式提供了任意條件下均可操作之法。"開方除之"一語正是說明陳子"所表達的是普遍的勾股定理"。[2]

五　栗氏量尺

《說文》中有大量的度量衡史料，對於基本的長度單位，《說

---

[1] 章鴻釗《周髀算經上之勾股普遍定理："陳子定理"》,《中國數學雜志》1951 年第 1 期。

[2] 鄒大海《中國數學的興起與先秦數學》, 石家莊：河北科學技術出版社, 2001 年, 第 492 頁。

文·寸部》曰："寸，十分也。人手卻一寸動脉，謂之寸口。"《説文·尺部》曰："尺，十寸也。人手卻十分動脉為寸口，十寸為尺。尺，所以指尺規榘事也。从尸从乙，乙所識也。周制寸、尺、咫、尋、常、仞，諸度量皆以人之體為法。"追溯起源，合情合理。

戰國尺度，有大小尺之分。學界熟知的傳 1931 年河南洛陽金村古墓出土的東周銅尺長 23.1 厘米[1]，商鞅方升折合每尺 23.2 厘米[2]，是為大尺之例。《考工記》中的尺度，以栗氏量尺為代表，乃是小尺。山西襄汾陶寺文化墓地出土的圭表實物和觀象臺建築實測數據表明，陶寺文化古尺約當 20 厘米（參見本書第五章《立中測影量天地》），也是小尺。

古人以圭璧度尺，使這種遠古尺度長久流傳，《考工記》有"璧羨度尺"之稱。《考工記·玉人》曰："璧羨度尺，好三寸，以為度。"鄭衆注："羨，徑也。好，璧孔也。"鄭玄則謂："羨，猶延，其袤一尺而廣狹焉。"戴震《考工記圖》從鄭玄解。《説文·次部》曰："羨，貪欲也。从次，从羑省。"段玉裁注："此羨之本義也。假借為衍字……《周禮》'以其餘為羨'。鄭司農云：'羨，饒也。'皆是。亦假借為延字。《典瑞》'璧羨'注云：長也。《玉人》注云：徑也。皆由延訓長，假此為延也。""璧羨"的"羨"字之解，段玉裁不從其師戴震之説，不取鄭玄而取鄭衆之注，是

---

[1] 國家計量總局等《中國古代度量衡圖集》，北京：文物出版社，1984年，第 2 頁。
[2] 同上書，第 44 頁。

正確的。迄今發現的玉璧都作圜形，從未發現橢圓形的玉璧，而璧徑接近一尺的圓形玉璧已有實例。如 1977—1978 年山東曲阜魯國故城出土了一批戰國早期精美玉璧。其中乙組 52 號墓所出一璧，直徑 19.9 厘米、孔徑 6.9 厘米，表明"璧羨度尺"之説不是空穴來風。①古人在《考工記·栗氏》中，又以尺度定義了栗氏量的大小。

《考工記·栗氏》曰："量之以為鬴。深尺，内方尺而圜其外，其實一鬴。其臀一寸，其實一豆。其耳三寸，其實一升。重一鈞。其聲中黄鍾之宫。概而不税。其銘曰：時文思索，允臻其極，嘉量既成，以觀四國。永啓厥後，兹器維則。"這是現存關於栗氏嘉量形制的最早記載。鄭玄注："以其容為之名也。四升曰豆，四豆曰區，四區曰鬴。鬴，六斗四升也。鬴十則鍾。"《説文·鬲部》曰："鬴，鍑屬。从鬲甫聲。釜，鬴，或从金父聲。"其古文字形表明，"鬴"即"釜"。《説文·金部》曰："鈞，三十斤也。从金匀聲。"鄭注也曰鈞"重三十斤"。關於栗氏量屬於姜齊舊量的四進制還是田齊新量的十進制，學術界尚有分歧。古今不少學者遵循鄭注，視栗氏量為四進制的姜齊舊量。但陳夢家的觀點獨樹一幟，他認為："《考工記》為齊人編定於秦始皇時。其證在《考工記》嘉量'銘曰：時文思索，允臻其極，嘉量既成，以觀四國，永啓厥後，兹器維則'。此銘六句二十四字，二句一韻，與秦始皇刻石文例相同，數皆以六紀。作者雖採用陳氏量名，而其量制

---

① 聞人軍《考工司南：中國古代科技名物論集》，上海：上海古籍出版社，2017 年，第 134 頁。下文該書名簡稱《考工司南》。

實與秦制相合。"①

　　《考工記》的成書年代是一個歷史懸案。1947 年，郭沫若的《〈考工記〉的年代與國別》考證為春秋末年②，曾廣獲認同。1984 年，拙文《〈考工記〉成書年代新考》考證《考工記》主體成書於戰國初期③。《考工記》的成書年代雖有爭議，但陳夢家僅據嘉量銘文判斷《考工記》的成書年代有失偏頗，況且嘉量銘出自周公之手。若論四字韻文先後，周宣王十二年（前 815）的虢季子白盤銘文以四字句為據點，通篇用韻，其年代比《考工記》成書年代和秦始皇刻石都早得多。進一步考察，栗氏嘉量銘的文風在《詩經》中屢見不鮮，《詩·大雅》的首篇《文王》更值得品味。朱熹《詩集傳》卷十六就指出："味其詞意，信非周公不能作也。"《文王》與嘉量銘文的作者遣字用語習慣相同。據此可以認為：《考工記》嘉量銘乃周公口吻，是周公首創嘉量時所作，流傳後世而為栗氏量所遵用；秦始皇刻石書文"作者是秦丞相李斯"，李斯是荀子的學生，"荀子曾任齊國稷下學宮的祭酒，與《考工記》關係匪淺。説李斯創作石刻文時可能受到嘉量銘文的影響，才符合邏輯"。④

　　《左傳·昭公三年》記載：在春秋晚期齊國，"齊舊四量：豆、區、釜、鍾。四升為豆，各自其四，以登於釜，釜十則鍾。陳氏

---

① 陳夢家《尚書通論》（增訂本），北京：中華書局，1985 年，第 343 頁。
② 郭沫若《〈考工記〉的年代與國別》，《開明書店二十周年紀念文集》，上海：開明書店，1947 年，第 145—152 頁。
③ 聞人軍《〈考工記〉成書年代新考》，《文史》第二十三輯，1984 年。
④ 聞人軍《考工司南》，第 141—146 頁。

三量，皆登一焉，鍾乃大矣。以家量貸，而以公量收之"。陳氏即田氏。對於"陳氏三量，皆登一焉，鍾乃大矣"的解釋，曾衆説紛紜。杜預注："登，加也。加一謂加舊量之一也。以五（舊）升爲豆，五（舊）豆爲區，五（舊）區爲釜，則區二斗，釜八斗，鍾八斛。"2019 年裘錫圭《齊量制補説》考證指出："杜注的説法無論從《左傳》原文，還是從當時齊國的情勢及家量制和公量制的關係來看，都是合理的。"[1] 所言誠是。

《漢書·律曆志》曰："（新莽嘉量）其圜象規，其重二鈞。……三十斤爲鈞。……三十斤成鈞者，一月之象也。"王應麟《玉海》卷八《律曆·量衡·周嘉量》引北宋范鎮言："周鬴重一鈞，漢鬴重二鈞，尺有長短故也。"[2] 范鎮所謂"周鬴"即栗氏量，對應的尺即栗氏量尺。原本根據小尺設計的栗氏量重一鈞，合一月之象。范鎮所謂"漢鬴"，指新莽嘉量，它上承田齊新量，對應大尺（約 23.1 厘米），重達二鈞。陳夢家説："新嘉量是劉歆據《考工記》而作的，所以《考工記》之鬴、豆、升也同於陳氏三量。"[3]丘光明《計量史》以爲："新嘉量的以度審容，以律起度，以及用全器之重定做一個標準重量，也完全是栗氏量的繼承和發展。"[4]但此二説均没有注意到栗氏量重一鈞，新莽嘉量重二鈞，兩者之重字面上已差一倍，因每斤重量不等，實際重量差了不止一倍。而這不同正是判斷栗氏量歸屬的關鍵所在。它只能如鄭玄所注，

① 裘錫圭《齊量制補説》，《中國史研究》2019 年第 1 期。
② 王應麟《玉海》卷八，元至元六年（1269）慶元路儒學刊本，第 18a 頁。
③ 陳夢家《尚書通論》（增訂本），第 342 頁。
④ 丘光明《計量史》，長沙：湖南教育出版社，2002 年，第 265 頁。

是六十四升的姜齊舊量。

《考工記·梓人》云："梓人為飲器，勺一升，爵一升，觚三升。獻以爵而酬以觚，一獻而三酬則一豆矣。食一豆肉，飲一豆酒，中人之食也。"鄭玄注："觚當為觶，豆當為斗。"陳夢家《尚書通論》（增訂本）和丘光明等的《中國科學技術史·度量衡卷》均以鄭注為證，以為"一豆為十升"。[1] 其實鄭注"觚當為觶"是對的，歷來沒有異議；而"豆當為斗"雖被不少舊注採用，卻早已被否定。《説文·酉部》曰："醻，主人進客也。從酉禹聲。酬，醻或从州。""三酬"不是以三升之觶酬三次，而是以三升之觶酬一次。北宋劉敞《七經小傳》曰："一獻而三酬者，獻以一升，酬以三升也。並而計之為四升，四升為豆。豆雖非飲器，其計數則然。"[2] 清儒戴震《考工記圖》、孫詒讓《周禮正義》，當代楊天宇《周禮譯注》、呂友仁《周禮譯注》、邱隆《中國最早的度量衡標準器——〈考工記〉·栗氏量（續）》等從之。

鑒於姜齊舊量由栗氏量尺所定義，故通過姜齊舊量可反推栗氏量尺之長。又因為陳氏家量 1 豆等於姜齊舊量 5 升，陳氏家量 1 區等於姜齊舊量 20 升，由陳氏家量實物也可推算姜齊舊量的升值，再反推栗氏量尺之長。在陸續發表的考古實物資料中，確有這方面的實例，茲將初步收獲列於表 2–1。

---

① 丘光明、邱隆、楊平《中國科學技術史·度量衡卷》，北京：科學出版社，2001 年，第 221 頁。

② 劉敞《公是先生七經小傳》卷中《梓人為飲器》，載《四部叢刊續編》第十一冊，上海：上海書店出版社，1984 年，第 59 頁。

表 2-1 姜齊舊量、陳氏家量升值的實物資料

序號	器物名稱或編號	國別	容積（毫升）	量級	折合每升（毫升）	資料來源
1	齊升陶量	齊	188	姜齊 1 升	188	《臨淄齊故城》76LHT12H3:1，第 370 頁
2	邾城 H538 ③：1	邾	1496	姜齊半區	187	《初論》《發掘簡報》
3	夕惕 XTCT I05-1-3 "關里呈" 陶量	齊	930	陳氏 1 豆	186	《夕惕藏陶》上冊第 51 頁
4	邾城 H404 ②：18	邾	3773	陳氏 1 區	188.65	《初論》《發掘簡報》
5	邾城 J2⑥：47	邾	3696	陳氏 1 區	184.8	《初論》《發掘簡報》
6	邾城 J2⑦：1	邾	3780	陳氏 1 區	189	《初論》《發掘簡報》
平均值					187.24	

資料來源：山東省文物考古研究所《臨淄齊故城》，文物出版社，2013 年；劉艷菲、王青、路國權《山東鄒城邾國故城遺址新出陶量與量制初論》，《考古》2019 年第 2 期；山東大學歷史文化學院考古系、鄒城市文物局《山東鄒城市邾國故城遺址 2015 年發掘簡報》，《考古》2018 年第 3 期；呂金城《夕惕藏陶》上冊，山東畫報出版社，2014 年。

　　表 2-1 中六量折合成升的平均值為 187.24 毫升，考慮到齊升陶量的權重較大，今取 1 升約為 187.5 毫升繼續推算。按栗氏

量的記載，鬴的容積等於以邊長為 1 栗氏量尺的正方形的外接圓為底，高度為 1 尺的圓柱體的體積，計算結果鬴的容積為 1570.8 立方寸。每鬴 64 升，每升等於 24.54375 立方寸。[①] 將它和每升 187.5 毫升進行比較，可得 24.54375 立方寸 =187.5 立方厘米，1 立方寸 =7.6394 立方厘米，1 齊寸約等於 1.97 厘米。所以 1 栗氏量尺約等於 19.7 厘米。

春秋戰國時期齊魯文化圈確實行用過一種尺度、容量和權衡均較小的系統，學術界已發現與《考工記》栗氏量尺相當的魯邾小尺。朱勇年《古尺考》著錄了一批小尺實物，如：1985 年山東萊蕪某家挖地基時所獲的春秋"魯國折疊銅尺"，"尺展開長廿點五公分"；[②] 1997 年山東棗莊某家挖地窖時所得的"小邾國骨尺"，"尺長廿點七公分"；[③] "T 形邾國骨尺"（殘），"寸長二公分"，[④] 每尺合 20 厘米；"邾公用 S 形銅文尺"，"中間分五寸合九點八公分"，[⑤] 每尺合 19.6 厘米。諸如此類魯邾小尺實物，與《考工記》中的姜齊尺，可以相互佐證。

六 "庞旁"和齊量六制之演變

洛陽金村古墓出土的東周銅尺長 23.1 厘米，為戰國中晚期

---

① 聞人軍《〈考工記〉"齊尺"考辨》，《考古》1983 年第 1 期。
② 朱勇年《古尺考》卷三，上海：上海古籍出版社，2008 年，第 8b 頁。
③ 同上書，第 5a 頁。
④ 同上書，第 6a 頁。
⑤ 同上書，第 6b 頁。

之物。①據朱勇年《古尺考》卷4著録，戰國田齊宣王銅尺長23.2厘米，係"一九九一年山東萊蕪某農民在自家院内挖窖"時所獲，②這是迄今所見最早的齊國大尺實例。但齊國始用大尺的年代，應早於齊宣王（約前350—前301）。商鞅方升造於秦孝公十八年（前344）之後，據實測數據折合每尺約23.2厘米。③經劉復反復測量，新莽量每尺約合23.09厘米。④學界通常採用每尺23.1厘米作爲東周和秦漢尺值。

新莽量和栗氏量重量懸殊，尺值有别，進位制不同，容量不等，在形制上就難以照搬，故新莽量設有"庣旁"。《漢書·律曆志》曰："（新莽嘉量）方尺而圜其外，旁有庣也。"嘉量斛銘曰："律嘉量斛，方尺而圜其外，庣旁九厘五毫。冪百六十二寸，深尺，積千六百二十寸，容十斗。""庣"字之義是理解新莽量形制的關鍵，歷史上曾引起許多學者的興趣，解釋繁多，莫衷一是。

1924年有司點查故宫物品，於坤寧宫發現新莽嘉量，學界慶幸。"見器以訂斛，據銘以釋庣"⑤，終於成功。今本《説文》雖無庣字，仍留有綫索可追。《説文·斗部》曰："斛，斛旁有斛（庣），从斗庣聲。一曰突也。一曰利也。《爾雅》曰：斛謂

---

① 國家計量總局等《中國古代度量衡圖集》，第2頁。
② 朱勇年《古尺考》卷四，第5a頁。
③ 丘光明《計量史》，第179頁。
④ 同上書，第263頁。
⑤ 勵乃驥《釋庣》，載《中國古代度量衡論文集》，鄭州：中州古籍出版社，1991年，第54頁。

之譴。古田器也。"《説文・甾部》曰："譴，斛也，古田器也。
从甾虒聲。"《漢書・郊祀志》曰："長安旁諸廟兆畤甚盛。"1935
年，勵乃驥作《新嘉量五量銘釋》，翌年又作《釋庣》考證："庣
為廟之轉注，假借為田器。曰利，曰突，曰斛旁有斛者，引申
之義也。"並在鄭珍《説文逸字》的基礎上考定："斛，古文為庣，
後因量名而偏旁加斗。"[1] 庣的訓詁既明，又對"庣旁"作了諸
般考釋。

　　勵乃驥《釋庣》選定的圖形表明，庣是指底面上從邊長為一
尺的正方形的角頂到外圓的間距。此説已獲得學界的普遍肯定和
採納。其實劉復等學者早已採用該圖（圖2-4），[2] 而勵氏用以取
捨的根據只是《考工記・車人為耒》，其曰："直庣則利推，句庣
則利發。倨句磬折，謂之中地。"勵氏改"庣"為"庣"，採程瑤
田《考工創物小記》《磬折古義》之説以為磬折等於"一矩有半"
而定耒形，以為"庣旁"取義於"倨句磬折"的耒庣之形。然《考
工記・車人》明言"一柯有半謂之磬折"，筆者已於1986年證明
程瑤田改為"一矩有半謂之磬折"之舉乃是失誤。[3] 則勵文之推
論似是而非。此路不通，反過來就順了。"庣"就是科技訓詁的
一個典型例子。其本義與"一矩有半"無關，由於"庣"在嘉量
上用作專業術語，衍生了特定的引申義，圖2-4就是"旁有庣也"

① 勵乃驥《釋庣》，載《中國古代度量衡論文集》，第40頁。
② 劉復《新嘉量之校量及推算》，《輔仁學志》1928年第1卷第1期。
③ 聞人軍《考工司南》，第121頁。

和"庑旁"的最好解釋。

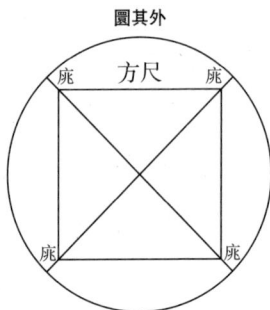

圖其外

方尺

庑   庑

庑   庑

圖 2-4　庑旁示意圖 [1]

　　從春秋戰國之際到田氏代齊稱王，齊國經歷了不同度量衡制的激烈競爭和變革。從小尺系統演變到大尺系統，從四進制演變到十進制，最後為新莽嘉量所師法。新莽量承襲了《考工記·栗氏》部分原文，其"庑旁"的設計是栗氏量所沒有的，但也未必是新創。

　　《考工記》栗氏量確立了齊國嘉量形制的傳統，姜齊"公"字量的出現標誌着齊國已採用大尺。改用大尺（約 23.1 厘米）系統四進制後，可能為了與姜齊舊量區分，名之為"公"字量。若以算術考之，1 大尺 =23.1 厘米，1 寸 =2.31 厘米，1 立方寸 =12.3264 立方厘米（即毫升）。鬴（釜）的容積等於以邊長為 1 大尺的正方形的外接圓為底，高度為 1 尺的圓柱體的體積，等於 1570.8 立方寸。1 釜 =1570.8 立方寸 =1570.8 × 12.3264

---

① 劉復《新嘉量之校量及推算》。

毫升 =19362 毫升。1 公升 =1/64 釜 =19362/64 毫升 =302.53 毫升。《中國古代度量衡圖集》和《夕惕藏陶》各著録一件銘文"公區"陶量，容量分別為 4847 毫升、4800 毫升（小米），折合每升 302.9375 毫升和 300 毫升。上述理論推算正與這兩個"公區"實例相合，也可與下文 300 毫升的"主升"互證。由此可知，齊國"公"字量基於没有"庇旁"的栗氏量，每升當為 302.5 毫升左右。

　　"主"字量的釋讀始於 1935 年張政烺的《"平陵陳尋立事歲"陶考證》一文。裘錫圭《齊量制補説》指出："'主'字齊量就是田齊新量的量器。"2019 年，成穎春的《齊陶文集成》著録了一個容量為 300 毫升的"主升"和一個容量為 1200 毫升的"主豆"，[1] 為解釋"公"字量和"主"字量的關係問題提供了重要物證。據新出資料，"主"字量當分為前期和後期。前期"主"字量也屬大尺系統四進制，很可能與"公"字量共存，或緊隨其後。後期"主"字量是大尺系統四進制"主"字量與陳氏家量的結合及發展，採用了升、豆、斗、區、釜、鍾之制。其中半斗之豆和二斗之區具有傳統特色，升、斗、釜、鍾取十進制，代表了社會經濟發展的大勢所趨。然後下接田齊新量。現將齊量六制簡況列於表 2-2，詳見相應拙文。[2]

---

① 成穎春《齊陶文集成》，濟南：齊魯書社，2019 年，第 3、9 頁。
② 聞人軍《齊國六種量制之演變——兼論〈隋書·律曆志〉"古斛之制"》，《中國科技史雜志》2021 年第 1 期。

表 2-2　齊國六種量制簡表

	升	豆	斗	區	釜	鍾	與嘉量關係
姜齊舊量	1 舊升，187.5 毫升	4 舊升		16 舊升	64 舊升	640 舊升	採用小尺，四進制，符合《考工記》栗氏量的記載，鬴與臀部豆的口徑不同
陳氏家量	1 舊升	5 舊升		20 舊升	80 舊升	800 舊升	採用小尺，混合進制
姜齊"公"字量	1 公升，302.5 毫升	4 公升		16 公升	64 公升，19362 毫升	640 公升	基於《考工記》栗氏量的記載，改用大尺，仍為四進制
田齊大尺系統四進制"主"字量	1 主升，302.5 毫升	4 主升		16 主升	64 主升，19362 毫升	640 主升	基於《考工記》栗氏量的記載，改用大尺，仍為四進制
田齊大尺系統準十進制"主"字量	1 主升，205 毫升	5 主升	10 主升	20 主升	100 主升，20500 毫升（理論值）	1000 主升	鬴、斗類似於新莽嘉量的形狀，鬴的口徑含庳旁，鬴與臀部斗的口徑相同，是大尺系統準十進制

續表

	升	豆	斗	區	釜	鍾	與嘉量關係
田齊新量	1新升，205毫升	5新升	10新升	20新升	100新升，20500毫升（理論值）	1000新升	鬴、斗類似於新莽嘉量的形狀，鬴的口徑含庣旁，鬴與臀部斗的口徑相同，是大尺系統準十進制

如上表所示，齊國六種量制依次為：姜齊舊量（小尺系統四進制）、陳氏家量（小尺系統混合進制）、姜齊"公"字量、前期田齊"主"字量（大尺系統四進制）、後期田齊"主"字量和田齊新量（大尺系統準十進制）。後期田齊"主"字量和田齊新量仍使用"周三徑一"的圓周率。前期"主"字量釜值與後期"主"字量的理論值之差為1138（20500-19362）毫升，故不得不採用"庣旁"，以彌合差值。該庣旁之值迄今未見任何文獻記載，經推算得田齊庣旁0.2774寸有奇，即二分七厘七毫四秒有奇。其值尚疏舛。[1]

除了"深尺"一致，新莽量斛徑也來自後期"主"字量和田齊新量。劉歆改進圓周率，定出了新莽量的庣旁之值，據此數據，可推算劉歆所用的圓周率。1930年，李儼《中國算學小史》推算劉歆所用的圓周率為3.1547，指出雖不如祖沖之圓周率之精，

---

[1] 聞人軍《栗氏量尺補説和"庣旁"新議》，載《出土文獻與古文字研究》第十一輯，上海：上海古籍出版社，2024年，第204—219頁。

"然已視古代 π=3 為善矣"。[①]錢寶琮《中國算學史》説："（劉歆）制器審容，不復襲用舊率。開後世周率研究之先河，其功亦不可没也。"[②]

---

① 李儼《中國算學小史》，上海：商務印書館，1930 年，第 11 頁。
② 錢寶琮《中國算學史》上卷，中央研究院歷史語言研究所，1932 年，第 38 頁。

第三章　三農九穀考名實

　　東方神州大地，以農立國，孕育中華文明。先民從採集天然果實到從事耕作，種植糧食作物，經歷了漫長的歲月。所謂"民以食為天"，咸認糧食為民眾頭等大事。一項又一項重要的考古發現，一再刷新中國原始農業發展史。距今一萬年甚至更早，長江流域就跨進了以水稻（大米）種植為主的農耕階段。距今八千年以前，黃河流域也步入了以種植粟、黍等旱地作物為主的農耕階段。大小米奠定了中國農耕文明的基石。在遠古文明世界的交流中，西亞培育的小麥沿着南北兩路分頭東進，約五千年前來到中國，後來進入中原腹地，開始了本土化歷程。

一　説農

　　上古時代，雜草叢生，林木遍布，耕種的第一步就是開荒，闢林除草。"農"字始見於商代，甲骨文有兩種異體和，保留了手持工具辰除去草和林木的古義，是"農"與"耨"的初文。或説是象手持農具在田間或林間耕作之形，但這層意思在西周金文"農"字中表現得更加明顯。金文"農"字省去下面的"手"，在上部的"艸"或"茻"中間增加了義符"田"，開墾種田的意思更為顯豁。"農"字幾經訛變，到了《説文》小篆那裏就成了

"从晨凶聲"的形聲字。《説文·晨部》曰:"農,耕也。从晨凶聲。
𦦹,籒文農,从林。𦦚,古文農。𦦛,亦古文農。""農"所從的"凶"
實際上是"田"形的偽訛,《説文》誤以為是聲旁。《説文》"農"
字的籒文和古文都遠有所自。甲骨文中有與《説文》"農"字古
文結構相同的"𦦛"字,舊釋為"農",也就是《説文》的"晨"字。
《説文·晨部》曰:"晨,早昧爽也。从臼从辰。辰,時也。辰亦聲。"
一説農字从辰,有以時而作,不違農時之義。張文虎曰:"天將明,
農早作,此晨字从臼从辰之義,亦即農字从晨之義。"[1] 學界認為,
"農""耨""𦦛""晨"等字間的關係比較複雜,尚需深入研究。[2]

　　《周禮·天官·大宰》曰"以九職任萬民",前四職是:"一
曰三農,生九穀。二曰園圃,毓草木。三曰虞衡,作山澤之材。
四曰藪牧,養蕃鳥獸。"這四職基本上涵蓋了後世的農林牧漁。
鄭玄注引鄭司農(鄭衆)云:"三農:平地、山、澤也。九穀:黍、
稷、秫、稻、麻、大小豆、大小麥。"玄謂:"三農,原、隰及平地。
九穀無秫、大麥,而有粱、苽。"鄭玄這裏所説的"原",指高而
平之地;鄭衆所説的"山",除了高而平之地,還包括山坡之類。
《説文·𨸏部》曰:"隰,阪下溼也。从𨸏㬎聲。"鄭玄注的"隰",
指低而濕之地,相當於鄭衆注的澤地。"平地"之農,是耕耘在
沃野平原上的農夫。"三農"包括了在各種不同的自然地理條件
下生產糧食等農作物的農人。

① 張文虎《舒藝室隨筆》卷二,第38—39頁。
② 李學勤、趙平安《字源》,天津:天津古籍出版社,沈陽:遼寧人民
　出版社,2012年,第207頁。

二　九穀和五穀

《説文·晨部》曰："農，耕也。"農史界認為，在農耕之初，先民試驗和種植的作物種類繁多，且往往混種在一起，那是植"百穀"的時代。在長期的比較和選擇過程中，經過擇優汰劣，若干種産量較高、品質較優的作物，即"種之美者"脱穎而出，成為主糧。時人稱之為九穀、八穀、六穀、五穀、四穀等，五穀最常見。九穀和五穀的出處，諸書異同，略如下表：

表 3-1　九穀五穀的異同和文獻出處

九穀	黍、稷、秫、稻、麻、大豆、小豆、大麥、小麥	《周禮·天官·太宰》鄭衆注
	黍、稷、粱、稻、麻、大豆、小豆、苽、小麥	《周禮·天官·太宰》鄭玄注
五穀	麻、黍、稷、麥、豆	《周禮·天官·疾醫》鄭玄注
	稻、麥、黍、稷、菽	《周禮·夏官·職方氏》記九州所宜
	黍、秫（稷）、大菽、麥、稻	《管子·地員》記五土所宜
	麥、菽、稷、麻、黍	《呂氏春秋·十二紀》記四時之食
	麥、稻、麻、菽、禾	《范子·計然》（《初學記》卷二十七）
	黍、稷、豆（菽）、麻、麥	《荀子·王制》"序五種"楊倞注
	麥、黍、稻、粟、菽	《逸周書》記五方之穀

續表

五穀	稻、黍、秫、麥、菽	《孟子·滕文公》趙岐注
	稻、秫、麥、豆、麻	《楚辭·大招》王逸注
	麥、黍、秫、稻、豆	《素問·金匱真言論》
	麻、麥、秫、稻、豆	《素問·五常政大論》
	粳米、小豆、麥、大豆、黃黍	《素問·藏氣法時論》
	麥、稻、黍、菽、禾	《淮南子·墜形訓》
	菽、麥、黍、秫、稻	《淮南子·修務訓》
	麥、稷、黍、菽、麻	《史記·天官書》

註：節引自曾雄生《論小麥在古代中國之擴張》。

　　九穀所指，二鄭略有差別。鄭眾以黍、稷、秫、稻、麻、大豆、小豆、大麥、小麥為九穀。《説文·禾部》曰："秫，稷之黏者。從禾；术，象形。"故鄭玄的九穀保留稷，剔除秫。由於產量較低、不易脱粒等原因，大麥不受古人重視，鄭玄也不將其列入九穀。鄭玄新增的粱和苽，留待下文討論。九穀之中，最重要的是五穀，歷史上屢有記述，其解釋也不統一。五穀中稻的取捨，要看上下文意和適用場合。對北方地區來説，稻的種植面積很小，未入五穀可以理解。如果就全國範圍而言，稻作為五穀之一是當仁不讓的。

　　古文獻中，諸穀的異名和細分相當複雜，許多名實言人人殊。吳其濬《植物名實圖考》卷一説："段氏有言，草木之名實多同異，雖大儒亦不能無誤，此論允矣。"程瑤田的《通藝録》中有《九穀考》四卷，謂採"《説文解字》中言九穀者，類聚録之，次其先後而觀之，有異名者並存之以備考。於黍、稷、粱三事，尤瞭然如指上旋渦"。所以他感嘆："《說文》為治經津筏，由今觀之，真寶書也。"[1]程瑤田辨析九穀，用力精勤，曾獲得清代經學界的一片贊揚之聲。但他的時代尚未發現甲骨文，不可能預知後世的許多考古發現和研究，因此他的結論精蕪並存，需要檢驗，去偽存真。《說文》中的說解極有價值，不過某些字形分析也有瑕疵，不宜照單全收。

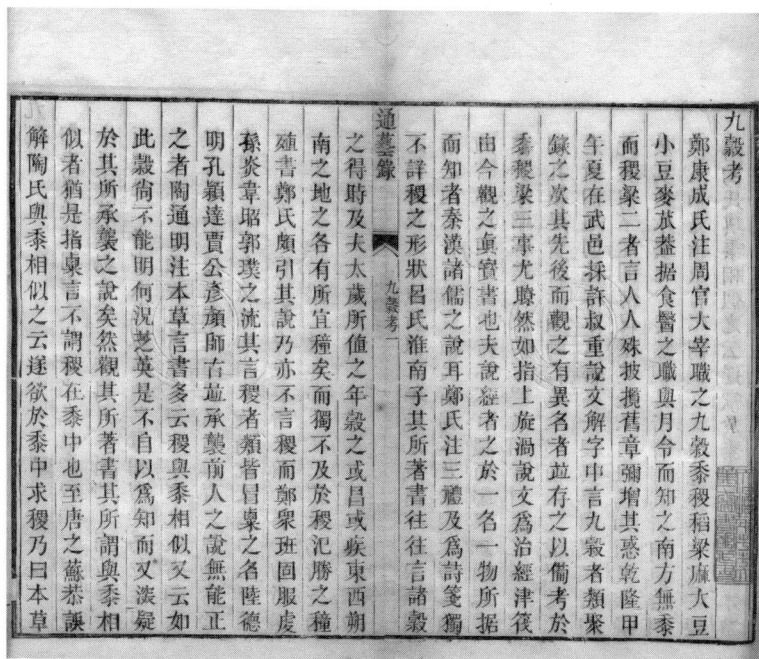

圖 3-1　程瑤田《通藝錄·九穀考》（清嘉慶刊本）書影

---

① 程瑤田《程瑤田全集》第三冊，陳冠明等校點，合肥：黃山書社，2008 年，第 3 頁。

三　禾：嘉穀

禾，又稱小米、穀子、粟，甲骨文作𥝌或𥝊，形象地表示它的穗是聚而下垂的。小篆作𥝌。《說文·禾部》曰："禾，嘉穀也。二月始生，八月而孰，得時之中，故謂之禾。（《繫傳》作'得時之中和，故謂之禾也'）禾，木也。木王而生，金王而死。從木，從𣎳省。𣎳象其穗。凡禾之屬皆從禾。"其意大致是：禾，就是嘉穀。二月開始生長，八月成熟，皆得有利的時令，陰陽調和適中，所以稱它為"禾"（和）。其實"中和"之"和"是後起義。禾，屬草木類，木氣旺而生，金氣旺而死。它的字形採用"木"和有所省略的"𣎳"，會合成意。"𣎳"像禾穀的穗子（在字形中省寫為一個橫撇）。凡是禾類的字，都用"禾"作為表意偏旁。《說文·禾部》所收從"禾"的字有87個，涉及糧食生產的方方面面，如種莊稼、收穫、積聚、交租稅（田賦）等，是古代農業的高度縮影。

圖 3-2　禾（粟）[1]

---

[1] 吳其濬《植物名實圖考》。

《説文·卤部》曰:"粟,嘉穀實也。"《説文·米部》曰:"米,粟實也。象禾實之形。凡米之屬皆从米。"穀子也就是粟,脱殻就是小米。在造字之初,"禾"當指粟的植株而言。段玉裁注:"未秀為苗。已秀為禾。……民食莫重於禾。……今俗云小米是也。"《説文·禾部》曰:"秋,禾穀孰也。"以禾穀熟來命名"秋"這個重要的季節,可見禾是黄河流域最早的糧食作物。

賓組卜辭常卜問"受年"等事,歷組卜辭則説"受禾"之類。裘錫圭説:"穀子是古代北方最重要的穀物,所以'禾'引申而為一切穀物的通稱。甲骨卜辭裏的'禾'字多數已用於引申義。"[①]《尚書·金縢》曰:"秋,大熟,未獲,天大雷電以風,禾盡偃。"唐李紳《憫農》詩云:"鋤禾日當午,汗滴禾下土。誰知盤中餐,粒粒皆辛苦。"其中的"禾"泛指旱糧作物。

四　黍:五穀上品

黍的甲骨文作𥞏,象黍散穗之形。《説文·黍部》曰:"黍,禾屬而黏者也。以大暑而種,故謂之黍。从禾,雨省聲。孔子曰:'黍可為酒,禾入水也。'凡黍之屬皆从黍。"王念孫《廣雅疏證·釋草》曰:"《齊民要術》引《氾勝之書》云:'黍者暑也,種者必以暑。'是《説文》所本也。"章太炎認為,雨、黍皆在段玉裁"今韻古分十七部"的第五部,"孔子曰"之訓"為酒"不

---

① 裘錫圭《甲骨文中所見的商代農業》,載《裘錫圭學術文集》第一卷,上海:復旦大學出版社,2015年,第233頁。

可從。① 于省吾認為："《説文》既以為雨省聲，又引孔丘説以為
黍可為酒，故从禾入水，均屬臆測之辭。"②

圖 3-3　黍 ③

《説文·禾部》曰："秠，一稃二米。从禾丕聲。《詩》曰：'誕
降嘉穀，惟秬惟秠。'天賜后稷之嘉穀也。""秠"指一個黍殼内
有二粒籽的黍。"秬"性黏，可以釀酒、製糕餅等。《説文·鬯部》
曰："鬯，以秬釀鬱艸，芬芳攸服，以降神也。从凵，凵，器也；
中象米；匕，所以扱之。《易》曰：'不喪匕鬯。'凡鬯之屬皆从鬯。"
又曰："䰞，黑黍也。一稃二米以釀也。从鬯矩聲。秬，䰞，或
从禾。"據此，秬是䰞的重文，其中有的"一稃二米"，是釀祭祀
用酒的首選。黍的穀，有黑白黄赤等不同的外觀。其籽實（黍子）

① 章太炎《章太炎説文解字授課筆記》，北京：中華書局，2008 年，第
8 頁。
② 于省吾《甲骨文字詁林》，北京：中華書局，1999 年，第 1442 頁。
③ 吳其濬《植物名實圖考》。

呈黃色或淡黃色，成米叫黃米。黍比穀子好吃，故"香"字也從黍。《說文·禾部》曰："穄，糜也。從禾祭聲。"一說穄（也叫糜子）是黍的不黏者。抗旱力甚強，對氣候、地力適應性強，宜於種植，且成熟周期短，是黍的優點。《韓非子·外儲說》曰："孔子侍坐於魯哀公，哀公賜之桃與黍。哀公曰：'請用。'仲尼先飯黍而後啗桃，左右皆掩口而笑。哀公曰：'黍者，非飯之也，以雪桃也。'仲尼對曰：'丘知之矣。夫黍者，五穀之長也，祭先王為上盛。果蓏有六，而桃為下，祭先王不得入廟。'"此處黍為"五穀之長"是在特殊情況下與雪桃相比時說的，當理解為五穀中的上品。黍是高檔主糧，但產量較低，後來在糧食作物中逐漸被邊緣化。

然而黍"滑而齊"，外形規整，是一種天然的計量標準，"秬黍中者"尤佳，在律度量衡系統中扮演過重要的角色。《考工記·輪人》中記載了六種檢驗車輪的方法，"量其藪以黍，以眡其同也"（用黍測量兩轂中空之處看其大小容積是否相同）是其中之一。

黍粒呈橢球形，有縱黍、橫黍、斜黍三種不同的排列方式。秬黍中者寬度為一分，橫黍百顆為一尺，叫作黍尺。所謂"累黍"，就是將黍粒按一定的方式排列或累積，用以定度量衡的單位值，曾沿用很久。

《漢書·律曆志》曰："度者，分、寸、尺、丈、引也，所以度長短也。本起黃鐘之長。以子穀秬黍中者，一黍之廣度之，九十分黃鐘之長。"黃鐘律管長合90分（9寸），加一寸為當時的標準尺長。《唐六典》猶記載："凡度，以北方秬黍中者，一黍之廣為分，十分為寸，十寸為尺，一尺二寸為大尺，十尺為丈。凡量，以秬黍中者，容一千二百為龠，二龠為合，十合為升，十升為斗，三斗為大一斗，十斗為斛。凡權衡，以秬黍中者，百黍之重為銖，二十四銖為兩，三兩為大兩，十六兩為斤。凡積秬黍為度量權衡者，調鍾律，測晷景，合湯藥及冠冕之制則用之；內外官司悉用大者。"

五　稷：五穀之長

《説文・禾部》曰："稷，齋也。五穀之長。从禾畟聲。䄄，古文稷省。""秫，稷之黏者。从禾；术，象形。""齋，稷也。或作粢。"齋、稷古雙聲，本一義之轉。先秦文獻中的稷究竟是何種穀物，歷史上頗有異說，長期爭論不休。《禮記・月令》曰："孟春，行冬令，首種不入。"鄭玄注："舊說首種為稷。"程瑤田以清代北方諸穀播種先後考之，認為"高粱最先，粟次之，黍穄又次之。然則首種者，高粱也"。又說："稷、齋，大名也。黏者為秫，北方謂之'高粱'，或謂之'紅粱'，通謂之'秫'。秫又謂之'蜀黍'。"[1] 清代不少著名學者肯定和遵循程瑤田之說，如《廣雅疏證・釋草》卷十王引之節引程氏《九穀考》有關考證，認為程說"援古證今，其辨明矣"[2]。段玉裁注："程氏《九穀考》至為精析，學者必讀此而後能正名其言。漢人皆冒粱為稷，而稷為秫秫，鄙

---

① 程瑤田《程瑤田全集》第三册，第 34 頁。
② 徐復《廣雅詁林》，南京：江蘇古籍出版社，1992 年，第 865 頁。

人能通其語者，士大夫不能舉其字，真可謂撥雲霧而覩青天矣。"

黃侃《廣雅疏證箋識》曰："《疏證》引程瑤田《九穀考》云：'稷粱兩穀見於經者，判然兩事。秦漢以後多淆二穀而一之。'按程瑤田自創新說，而厚誣古人，不可從。"黃侃還有《稷通釋》一文力攻程說。[1]20世紀80年代，齊思和《毛詩穀名考》曾列舉程說的十大錯誤。其第六條說：《月令》所謂首種，《氾勝之書》以為麥，鄭玄注以為稷，並無定說。且北方無正月種高粱之事。[2]時至今日，稷為高粱說仍相當流行。如《字源》曰："朱駿聲《通訓定聲》云：'程氏瑤田以稷為今之高粱，良是。高大如蘆，蓺於正月，故為五穀之長。其實麤大，故謂之疏食，即《禮記·玉藻》之"稷食"也。'也泛指五穀。也指五穀之神。"[3]視高粱為稷之本義。前後出版的幾種《詩經譯注》中，譯稷為高粱者比比皆是。

稷的歸屬，除了高粱說，比較流行的還有兩種觀點：一說是禾（粟）的別名，另一說是與黍同類而不黏的穄（糜子）。前者的文獻出處是《爾雅》。《爾雅·釋草》曰："粢，稷。"郭璞注："今江東人呼粟為粢。"又曰："眾，秫。"郭注："謂黏粟也。"與《說文》"秫，稷之黏者"對讀，稷就是粟。《齊民要術》卷一"種穀第三"曰："郭璞注《爾雅》曰：'今江東呼稷為粢。'孫炎曰：'稷，粟也。'"學界早已指出郭注本之於孫炎注。清邵晉涵《爾雅正義》卷十四曰："《左傳疏》引舍人云：'粢，一名稷，稷，粟也。'"

---

[1] 徐復《廣雅詁林》，第865頁。
[2] 齊思和《毛詩穀名考》，載《中國史探研》，北京：中華書局，1981年，第1—26頁。
[3] 李學勤、趙平安《字源》，第635頁。

其中的"舍人"即犍為郭舍人，是西漢學者，著有《爾雅注》三卷，原書已佚。據此可知，從西漢到晉的注家，都視稷為粟的異名。這種解釋得到農學家賈思勰《齊民要術》、徐光啓《農政全書》等的背書，亦符合先秦文獻中關於稷的一些記載。如《禮記·曲禮下》曰："黍曰'薌合'，粱曰'薌萁'，稷曰'明粢'。"

但在本草學家看來，小米品種的細微差別影響藥性功效。如《證類本草》卷二十六"稷米"引陶隱居云："稷米亦不識，書多云黍與稷相似。又有穄，音渡，亦不知是何米。《詩》云：黍稷稻粱，禾麻菽麥，此即八穀也，俗人莫能證辨。如此穀稼，尚弗能明，而況芝英乎？"① 卷二十五"丹黍米"引陶隱居云："此即赤黍米也。亦出北間，江東時有種而非土所宜。多入神藥用。又黑黍名秬，共釀酒祭祀用之。"② 卷二十六又引唐蘇恭《唐本草注》："《本草》有稷不載穄，稷即穄也，今楚人謂之稷，關中謂之糜。……陶引《詩》云'稷恐與黍相似'，斯並得之矣。"③ 本草家蘇恭的解釋以《本草》為據，首倡"稷即穄也"，隨後"以穄為稷"的觀點流行於本草界內外，在醫藥上沿用不斷。

徐鍇《説文繫傳》曰："按《本草新注》……稷即穄，一名粢，字亦作齋。楚人謂之稷，關中謂之糜，呼其米為黃米。"《本草綱目·穀部·稷》曰："稷與黍，一類二種也。黏者為黍，不黏者為稷。稷可作飯，黍可釀酒。"有了李時珍《本草綱目》的加持，此說産生

---

① 唐慎微《重修政和經史證類備用本草》卷二十六，蒙古定宗四年（1249）張存惠晦明軒刻本（人民衛生出版社影印本），1957年，第496頁。
② 同上書卷二十五，第490頁。
③ 同上書卷二十六，第496頁。

了更廣泛的社會影響。然《農政全書》卷二十五曰："玄扈先生曰：古所謂黍，今亦稱黍，或稱黃米，穄則黍之別種也。今人以音近，誤稱為稷。古所謂稷，通稱為穀，或稱粟，粱與秫則稷之別種也。……穄之苗、葉、穗與黍不異，經典初不及穄，後世農書輒以黍穄並稱，故穄者黍之別種也。"1984年游修齡的《論黍和稷》指出，在黍稷問題上農學家的見解應優於本草學家的解釋，稷即粟。[①]

《詩經》稱詠的黍、稷素為學界所重。《詩·王風·黍離》曰："彼黍離離，彼稷之苗。……彼黍離離，彼稷之穗。……彼黍離離，彼稷之實。"疏解精彩紛呈，至今未有共識。此"離離"之義，一般釋為行列貌。但《小雅·湛露》有"其實離離"句，毛傳釋該"離離"為"垂垂也"，韓詩釋為"剝裂貌"。鄒樹文、李根蟠認為，"彼黍離離"是描述黍穗的分披下垂。"苗""穗""實"三字互換是描寫稷穗的整體性，稷穗是攢穗，這正是聚而下垂的禾（粟）穗的特徵。[②]《詩·豳風·七月》曰："十月納禾稼，黍稷重穋，禾麻菽麥。""重穋"即"穜穋"。《說文·禾部》曰："穜，埶也。"早種晚熟的穀物。《說文·禾部》曰："稑，疾埶也。從禾坴聲。《詩》曰：'黍稷種稑。'穋，稑或從翏。"穋，晚種早熟的穀物。"黍稷重穋，禾麻菽麥"的解釋，古今眾說紛紜。有些學者以此否定稷是禾。其實《說文·皿部》曰："盛，黍稷在器以祀者。"黍、稷作為兩種最重要的穀物，在"黍稷重穋"中是作為禾稼的代表出現

---

① 游修齡《論黍和稷》，《農業考古》1984年第2期。

② 鄒樹文《詩經黍稷辨》，載《農史研究集刊》第二冊，北京：科學出版社，1960年；李根蟠《稷粟同物，確鑿無疑——千年懸案"稷穄之辨"述論》，《古今農業》2000年第2期。

的；而"禾麻菽麥"之禾，泛指豳地非"麻菽麥"類的禾稼。

2000 年李根蟠發文支持游修齡之説，進一步論證了"稷粟同物，確鑿無疑"[1]。儘管達成學界共識不易，但現在大多數人接受了稷為粟的觀點。如朱麗雙、榮新江肯定游、李的一系列文章"確定了粟即稷，粟稷同物異名"[2]。

在新石器時代中期，西遼河地區的黍粟農業人群曾孕育了以紅山文化為代表的燦爛文明。2001 年至 2003 年有關部門對内蒙古敖漢旗興隆溝遺址進行了三次考古發掘。在距今 8000 至 7500 年的大型聚落，通過浮選法獲得碳化黍粒 1400 餘粒，碳化粟粒 60 粒。據形態特徵和大小，屬栽培作物。[3]南向黄河流域輻射，生生不息。距今 7000 多年的河北武安磁山文化遺址窖藏粟灰堆積數量驚人，有些厚達 2 米以上。曾雄生先生惠告，最新的考古研究表明，中國北方的主糧作物經歷過一個由黍到粟的過程，最早是黍，然後是粟。這正是《詩經》等古籍中往往黍稷（粟）並稱的歷史原因。"后稷"得名和"社稷"之稱也源自當初北方地區這條糧食主綫。

六　粱與高粱

粱的解釋也頗有分歧。如《本草綱目·穀部·粱》曰："粱

---

[1] 李根蟠《稷粟同物，確鑿無疑——千年懸案"稷穄之辨"述論》。

[2] 朱麗雙、榮新江《出土文書所見唐代于闐的農業與種植》，《中國經濟史研究》2022 年第 3 期。

[3] 邵國田《中國百年百大考古發現：興隆窪遺址的發現、發掘與研究歷程》，《赤峰學院學報》（哲學社會科學版）2022 年第 3 期。

即粟也……自漢以後，始以大而毛長者為粱，細而毛短者為粟。"
程瑤田《九穀考》說："禾，粟之有稾者也。其實，粟也。其米，
粱也。"《史記·太史公自序》索隱引《三蒼》云："粱，好粟也。"
《詩·大雅·生民》："誕降嘉種，維秬維秠，維穈維芑。"齊思和
認為，古時所謂粱，即穈芑之類的精米。①《字源》說"粱"的"本
義是指高粱"。②

　　《說文·米部》："米，粟實也。象禾實之形。凡米之屬皆從
米。""粟實"即"禾實"，應是總名。《說文·米部》："粱，米名也。
從米，梁省聲。"有學者統計各種穀類在《詩經》中出現的次數：
黍 19，稷 18，麥 9，禾 7，麻 7，菽 6，稻 5，秬 4，而粱僅三見。③
在《詩經》時代，粱在糧食作物中的佔比並不高，可見它並不是
黍，也不是稷（禾，粟）。《小雅·甫田》曰："黍稷稻粱，農夫
之慶。"《唐風·鴇羽》："王事靡盬，不能蓺稷黍。……王事靡盬，
不能蓺黍稷。……王事靡盬，不能蓺稻粱。"《鴇羽》和《甫田》
講的都是"黍稷稻粱"，粱不同於黍和稷。《小雅·黃鳥》曰："黃
鳥黃鳥，無集于穀，無啄我粟。……黃鳥黃鳥，無集于桑，無啄
我粱。……黃鳥黃鳥，無集于栩，無啄我黍。"詩中粱是黍、粟
之外的第三種穀物。程俊英《詩經譯注》譯為"紅高粱"④，周振
甫《詩經譯注》譯為"高粱"⑤，2015 年中華書局所出王秀梅譯注

---

① 齊思和《中國史探研》，第 24 頁。
② 李學勤、趙平安《字源》，第 645 頁。
③ 齊思和，前引書，第 3 頁。
④ 程俊英《詩經譯注》，上海：上海古籍出版社，1985 年，第 349 頁。
⑤ 周振甫《詩經譯注》，北京：中華書局，2002 年，第 282 頁。

的《詩經》也譯為"紅高粱"。

裘錫圭認為，賓組卜辭曾以"受畬年"與"受黍年"同卜（《合集》9946 正）。陳夢家《殷墟卜辭綜述》疑此字可釋為《説文》訓為"稷"的"齋"。① 裘錫圭認為："如果畬確是齋的表意初文的話，它所象的植於'田'上的穗大而直的作物，與其説成粟或穄，卻還不如説成高粱合理。"②

中國高粱的起源有兩説。一説認為：5000 年前高粱起源於非洲，約公元前後傳入印度，後傳入中國。高粱在中國始種時間比較晚。高粱初名"蜀黍"，首見於晉張華的《博物志》。其引《莊子》曰："地三年種蜀黍，其後七年多蛇。"③ 但傳本《莊子》無此文。三國張揖《廣雅·釋草》曰："藋粱，木稷也。"藋粱可能是高粱早期名稱之一，出現時間也不早。安志敏認為"高粱屬於外來的穀物，中國古代無此品種"。④ 另一説認為中國高粱完全有可能是獨立起源的，華北地區栽培高粱的歷史在 4000 年以上。迄今為止，關於中國高粱是引進還是原生尚無定論。趙利傑認為，非洲原生的高粱"應該是在兩漢魏晉及宋元時期通過多種路徑先後傳入中國"。⑤ 中國的原生高粱穀物遺存，無法一概否定，不過數量有限，與大

---

① 陳夢家《殷墟卜辭綜述》，北京：中華書局，1988 年，第 528 頁。
② 裘錫圭《裘錫圭學術文集》第一卷，第 241 頁。
③ 張華《博物志》卷四，王根林等校點，上海：上海古籍出版社，2012 年，第 21 頁。
④ 安志敏《大河村炭化糧食的鑒定和問題——兼論高粱的起源及其在我國的栽培》，《文物》1981 年第 11 期。
⑤ 趙利傑《試論高粱傳入中國的時間、路徑及初步推廣》，《中國農史》2019 年第 1 期。

量出土的粟的遺存不能相提並論。程瑤田釋粟為粱，釋稷為高粱。現知稷為粟，粱的本義倒可能是中國的原生高粱。

古文獻中，"粱"的引申義可泛指小米或優良的小米。後世"稻粱謀"已引申為謀生的代名詞。清張謇《柳西草堂日記》有詩云："慚愧故人相問訊，勞勞終歲稻粱謀。"[①]

七　萬年水稻

從野生到人工種植，水稻經過了漫長的歲月。考古工作者追踪中國水稻的栽培史，百年以來戰果輝煌。1921 年，瑞典人安特生首先在河南澠池仰韶遺址發現了稻穀痕迹。此後，在距今 9000—4000 年的淮河流域和黃河中下游的史前遺址中，包括山西襄汾陶寺遺址，水稻遺存多有發現。在長江下游地區，20 世紀 70 年代，浙江餘姚河姆渡遺址出土了距今 7000 年的稻穀。距今 8000—7000 年的浙江蕭山跨湖橋遺址，在 20、21 世紀之交出土了人工栽培水稻。浙江浦江上山遺址距今約 11000—9000 年，2001—2006 年進行四期考古發掘時，在出土的夾炭陶片的表面發現了較多稻穀印痕，胎土中羼和大量稻穀、稻葉，遺址還出土了水稻收割和脫粒用的鐮形石器、石片、大量石磨盤和石磨棒。在長江中游地區，1988 年湖南澧縣彭頭山出土了 9000—7800 年前的栽培稻。1993—1995 年，湖南道縣玉蟾巖遺址出土的 4 顆稻穀殼，距今已逾 10000 年；江西萬年仙人洞和吊桶環兩個遺址發現

---

① 張謇《張謇全集》第八册，上海：上海辭書出版社，2012 年，第 116 頁。

的野生稻和栽培稻植硅石，距今約 12000 年。農史界根據"古史記載、野生稻的分布、新石器時代稻作遺存的發現和現代遺傳學的研究"，證明"長江中下游及其以南地區是亞洲栽培稻的起源地，良渚文化農業已率先進入犁耕稻作時代"。①

甲骨文中有没有栽培稻呢? 學界關於甲骨文"稻"字的討論甚多，不擬贅述。1988 年，趙錫元論述𪎭、𪎮等應釋為"稻"字。接着游修齡指出，甲骨文的黍字有兩類，其旁帶"水"之黍字即稻，不帶"水"的黍才是黍。② 近來黄錫全通過分辨稻分蘗後的植株具有二三穗左右，以稻穗三叉形作為區别標志，主張過去多釋讀為"黍"的𪎭、𪎮、𪎯、𪎰、𪎱等就是"稻"字，其中𪎭、𪎮可能為旱稻，𪎯、𪎰為水稻。③ 據水稻在北方擴張的步伐，甲骨文中有"稻"字是合乎情理的。

《説文·禾部》曰："秜，稻今年落，來年自生，謂之秜。從禾尼聲。"秜就是野生稻，即《説文繫傳》所云穭生稻。賓組卜辭云："丁酉卜，爭貞: 呼甫秜于姐，受有年。"(《合集》13505)"甫"是人名或方國名，于省吾認為："可見商人已經從原始的野生秔稻進一步加上人工的培植。"④ 學界對此有不同意見，黄錫全認為"秜"可能是指收獲在姐地的再生稻。

《説文·禾部》曰："稻，稌也。從禾舀聲。""稌，稻也。從

---

① 曾雄生《水稻與中國歷史地理》,《光明日報》2022 年 9 月 13 日。
② 游修齡《稻作史論集》, 北京: 中國農業科技出版社, 1993 年, 第 202—207 頁。
③ 黄錫全《甲骨文中究竟有没有"稻"字》,《出土文獻》2022 年第 4 期。
④ 于省吾《商代的穀類作物》,《東北人民大學人文科學學報》1957 年第 1 期。

禾余聲。《周禮》曰：'牛宜稌。'"稻和稌是完全等價還是有所區別呢？《說文·禾部》："稬，沛國謂稻曰稬。从禾耍聲。"《集韻》："稌，同都切，音徒，稬稻也。"《說文》無"糯"字，稬即後起的"糯"字。稌或用作"稻"字，或專指糯稻，當視文意而定。

　　大米中比糯米更大眾化的是粳米和籼米。《說文·禾部》曰："秔，稻屬。从禾亢聲。稉，秔或从更聲。"秔指粳米。《廣雅·釋草》："籼，稉也。"稉即粳。《玉篇·禾部》："籼，秔稻也。"究竟應該如何認識粳、籼的異同呢？《中國稻作文化史》提出了一種解釋：黃河流域的水稻是粳稻，故當地粳、稻同義，在古文獻中粳也是代表稻的一個總稱。歷史上北方不種籼稻，籼始見於長江流域，北方人認為它也是稻的一種。實際上，籼稻分布地區平均氣溫一般在17℃以上，粳稻分布地區平均氣溫一般在16℃以下。[1]筆者生於江南，食大米長大，知粳與籼雖都不黏，但粳比籼好吃，略貴，而籼的出飯率較高。

　　稻米貴為美食。《詩·小雅·七月》記載："八月剝棗，十月穫稻。為此春酒，以介眉壽。"介，通"匃"，求取。《方言》卷一："眉，老也，東齊曰眉。""'眉壽'為同義並列結構，'眉壽'猶言'老壽''考壽'"，意謂長壽。[2]《論語·陽貨》孔子責宰我云："食夫稻，衣夫錦，於女（汝）安乎？"《說文·禾部》曰："秏，稻屬。从禾毛聲。伊尹曰：'飯之美者，玄山之禾，南海之秏。'"總而言之，稻

---

[1]　游修齡、曾雄生《中國稻作文化史》，上海：上海人民出版社，2010年，第52—53頁。

[2]　張富海《"眉壽"之"眉"的音義辨析》，載《出土文獻與古文字研究》第十一輯，上海：上海古籍出版社，2023年，第178—187頁。

米是建構黄河文明的加速劑，而在長江文明的形成過程中，稻作農業起到了無可替代的作用。在很長的歷史時期内，全國的經濟重心在黄河流域。南方地廣人稀，水稻很早就是南方地區百姓的主糧，但在傳統的九穀或五穀中，排名在後。從全國範圍來看，水稻成為繼小米和小麥之後中國最主要的糧食作物，已經是宋代的事了。

八　小麥和大麥

西亞、中國、中南美洲和非洲是世界四大農業起源中心區。小麥東傳，是史前時期人類農業文明交流的重大事件。根據考古發現，距今 12000—10000 年間，小麥起源於西亞，約 7000 多年前傳到了中亞。農史界認為，自古以來，引進中國的植物品種衆多，其中麥子影響最大、功效最著。趙志軍説："本世紀以來，由於浮選法的普及，中國考古獲得了異常豐富的古代植物遺存，其中包括大量的小麥遺存。""至遲在距今 4000 年以前，小麥已經傳入到中國境内。"[1] 雖然小麥傳入中國的確切年代未有定論，但其路綫，已公認有兩條。一條是早已熟知的沙漠綠洲之路。在樓蘭的小河墓地曾發現 4000 年前的碳化小麥。而小麥從西北傳入新疆，可能早到 5000 年前。[2] 沿着新疆、甘肅的沙漠綠洲之路，小麥在適應環境的過程中，一步步東下。另一條是近年確認的，

---

[1] 趙志軍《小麥傳入中國的研究——植物考古資料》，《南方文物》2015 年第 3 期。

[2] 曾雄生《論小麥在古代中國之擴張》，《中國飲食文化》2005 年第 1 卷第 1 期。

小麥通過歐亞草原之路，加速東傳到達蒙古高原地區，經中國北方文化區中轉南下，時在新石器時代後期。至遲商代中晚期，兩路小麥在黄河中下游流域匯合。據農史學者研究，小麥在中國經歷了一個由 "旋麥"（春小麥）到 "宿麥"（冬小麥）的演變，並在此過程中逐漸適應當地的自然環境，找到了最佳適生區。曾雄生指出："冬麥的出現是麥作適應中國自然條件所發生的最大的改變，也是小麥在中國擴張最具有革命意義的一步。"①

　　小麥的穗是直上的。甲骨文的 字，釋為 "來"。"來" 的本義就是小麥。《説文·來部》曰："來，周所受瑞麥。來，麰。一來二縫，象芒束之形。天所來也，故為行來之來。《詩》曰：'詒我來麰。' 凡來之屬皆从來。" 許慎的解説含有小麥由域外傳來之意，故又被假借為 "來往" 之 "來"。《説文·麥部》曰："麥，芒穀，秋穜厚薶，故謂之麥。麥，金也。金王而生，火王而死。从來，有穗者从夊。凡麥之屬皆从麥。" 並注："臣鉉等曰：'夊，足也。周受瑞麥來麰，如行來。故从夊。'" 學界大多認為此 "麥" 指小麥。

　　小麥由於種皮堅硬，賁麥粒食品質比不上粟、稻，其主糧優勢遲遲没有被認識。"石磨大約誕生於戰國時期，而普及使用則在漢代。"② 小麥可以磨成麵粉後，由粗食轉型升級為細食。《説文》麥部收有三種由麵粉加工成的餅類食品——麱、麩、𪋘，均

①　曾雄生《論小麥在古代中國之擴張》。
②　衛斯《我國漢代大面積種植小麥的歷史考證》,《中國農史》1988 年第 4 期。

釋為“餅籟也”。段玉裁注：“餅籟者，堅築之成餅也。”如今大衆化的燒餅、麵條、餛飩、水餃、饅頭、包子也與焉出現，與西洋麵包製法和風味相異，各具特色。《齊民要術》“餅法第八十二”引載了北魏崔浩《食經》用於麵食發酵的酸漿發酵法和酒發酵法，即把酸漿、酒等投入易於發酵的米湯中用來發麵。發酵技術之應用使麵食容易消化，有益於人體健康，小麥因此益受歡迎。小麥夏收，有利於度過荒年，穩定政局。諸多因素上下合力，促使麥作農業在中國加速發展。唐中葉實行兩稅法，夏税超過秋税，小麥躍居北方農耕地區的主糧。

大麥古稱麰，是一、二年生草本植物，植株似小麥。最早的大麥發現於地中海東部黎凡特（Λεβάντες）的舊石器時代遺址。最早的馴化大麥出現於新石器時代的敘利亞地區。大麥現在是世界上僅次於玉米、稻和小麥的第四大耕作穀物。一説它在西周時代進入中國中原地區。一説它起源於本土。《孟子·告子章句上》曰：“今夫麰麥，播種而耰之，其地同，樹之時又同，浡然而生，至於日至之時，皆熟矣。雖有不同，則地有肥磽，雨露之養，人事之不齊也。”《説文·麥部》曰：“麰，來麰，麥也。从麥牟聲。”《廣雅·釋草》曰：“大麥，麰也。”“小麥，麳也。”由於産量較低及籽粒不易脱粒，大麥並不受中原地區的重視。但因為大麥較小麥更為耐旱，所以在乾旱、半乾旱或地勢海拔高的新疆、青海、甘肅等西北地區較受農民的歡迎。青稞是生長在青藏高原上的多棱大麥裸粒變種，自 5 世紀起成為藏民主糧。藏族有名的傳統食品糌粑，就是以青稞磨粉製成的。

九 麻、菽、苽

麻、菽、苽也曾在九穀甚或五穀中佔一席之地，在此略作介紹。

麻，指大麻。在先秦時期，大麻的功用首先是糧食作物，大麻籽粒是人們的主糧之一。其次，麻稈的韌皮纖維是古代重要的紡織原料。《考工記·總敘》曰："治絲麻以成之，謂之婦功。"大麻雌雄異株。雄麻稱枲或蒬，主要利用其纖維；雌麻稱苴或芓，主要利用其籽實，其纖維也可利用。如《說文·木部》曰："枲，麻也。从木台聲。"《左傳·襄公十七年》杜預注："苴，麻之有子者。"《說文·艸部》曰："苴，履中艸。从艸且聲。"履中艸是鞋中草墊。後來麻雖從主食領域中退出，但仍長期沿用在秋祭儀式上。

《說文·尗部》曰："尗，豆也。象尗豆生之形也。凡尗之屬皆从尗。"《說文通訓定聲·孚部》曰："尗，古謂之尗，漢謂之豆，今字作菽。菽者，眾豆之總名。"豆既可為糧，又可為菜，在先秦本是重要主糧之一，後作為主糧的地位逐漸下降，最終退出。宋應星《天工開物·乃粒》說："麻、菽二者，功用已全入蔬餌膏饌之中，而猶繫之穀者，從其朔也。"

《說文·艸部》曰："苽，雕苽。一名蔣。从艸瓜聲。"苽，也作菰，雕胡，今用作蔬菜，謂之茭筍。《周禮·天官·膳夫》曰："凡王之饋，食用六穀。"鄭眾注："六穀：稌黍稷粱麥苽。苽，雕胡也。"《周禮·天官·食醫》說肉食與主食的最佳搭配是："凡會膳食之宜，牛宜稌，羊宜黍，豕宜稷，犬宜粱，雁宜麥，魚宜苴。"所以鄭玄的九穀是：黍、稷、粱、稻、麻、小麥、大小豆、苴。
程瑤田《九穀考》已指出鄭玄之所本。傳世文獻中，只有鄭衆和
鄭玄據《周禮》分別將苴列入六穀和九穀。而這畢竟屬於宮庭膳
食，係特定情境下所言。

第四章　醫療藥樂衛人生

　　《説文》作為百科全書式的著作，與人身醫藥衛生的關係非常密切。《説文》和中醫學及其經典文獻，都深受陰陽五行、天人相應學説的影響，相互滲透。古人在天地人統一的有機自然觀指導下，借這套古典符號體系描述人體系統，形成了富有中國特色的傳統中醫理論，行之有效。醫家以經絡系統與臟腑學説為指導，分析各種病癥，辨證論治。和合巧用本草，妙施針藥回春。《説文》同時提供了大量的醫藥常識、衛生之要及養生之道，裨益芸芸衆生，至今仍有現實意義。

一　説醫

　　《説文·酉部》曰："醫，治病工也。殹，惡姿也；醫之性然。得酒而使，从酉。王育説。一曰殹，病聲。酒所以治病也。《周禮》有醫酒。古者巫彭初作醫。"學界已知此説解有殘脱譌亂，文義欠通。段玉裁認為，各本無"从殹从酉"四字，當補。張文虎《舒藝室隨筆》曰："醫本酒名，借為醫療字。《玄應書》六引此解云：'酒所以治病者，藥非酒不散也。'疑此二句，本在'得酒而使'下，當云'藥之性，得酒而使。酒所以治病者，藥非酒不散也'。""《玉篇》酉部失'醫'字，《類篇》醫下有重文'毉'，……

此解'古者巫彭初作醫'當作醫。七字，當係'醫'下。"①

《周禮·天官·酒正》説酒正之責包括辨五齊之名、辨四飲之物等。五齊中的醴齊是一種釀造一宿即成的甜酒。四飲之中有"醫"，乃是一種用粥釀造的醴。這種類似飲料的甜酒也稱醫，説明醫與酒頗有淵源。《説文·鬯部》曰："鬯，以秬釀鬱艸，芬芳攸服，以降神也。"秬釀是黑黍和香草合釀的高級香酒，又稱鬯酒，飲用、醫用和巫事祭祀等一酒多用。古人逐漸認識到酒在醫療中的多種作用，酒成為醫工常用之物。出土漢墓帛書、竹簡中的醫學文獻載有許多以酒入藥之例。②故醫字从酉。"惡姿"之義頗令人費解，段玉裁注："《殳部》曰：'殹，擊中聲也。'初不訓惡姿，而《疒部》：'瘞，劇聲也。'劇聲謂疲極之聲。此从殹者，瘞之省也。"范行准《釋醫》認為段注未得正解，"擊中聲"起自巫的動作，"惡姿"即丑惡之狀。古初之民以為病乃鬼神所祟，巫師驅疫逐鬼，多用假面，扮丑惡之狀。③總之，古本《説文》可能原是："醫，治病工也。从殹从酉。殹，惡姿也。王育説。一曰殹，病聲。藥之性，得酒而使。酒所以治病者，藥非酒不散也。《周禮》有醫酒。或作醫。古者巫彭初作醫。"

《説文·巫部》曰："巫，祝也。女能事無形，以舞降神者也。

① 張文虎《舒藝室隨筆》卷三，第81頁。
② 王子今《秦漢名物叢考》，北京：東方出版社，2016年，第28—29頁；王青雲《千年竹簡重現醫祖扁鵲奇術風采》，《中國中醫藥報》2023年4月17日。
③ 范行准《釋醫》，載《范行准醫學論文集》，北京：學苑出版社，2011年，第553—558頁。

象人兩襃舞形。與工同意。古者巫咸初作巫。凡巫之屬皆從巫。"
巫與工同意，醫是治病工。古者巫醫不分。故《廣雅·釋詁四》曰：
"醫，巫也。"王念孫《廣雅疏證》曰："巫與醫皆所以除疾，故醫
字或從巫作毉。"巫是掌握醫藥知識和相關資源最多的群體。《世
本》曰："巫彭作醫。"《山海經·大荒西經》曰："有靈山，巫咸、
巫即、巫盼、巫彭、巫姑、巫真、巫禮、巫抵、巫謝、巫羅十巫，
從此升降，百藥爰在。"常被引為例子。《逸周書·大聚解》曰："鄉
立巫醫，具百藥以備疾災。"《論語·子路第十三》曰："人而無恒
不可以作巫醫。"可見巫醫地位相當顯著。隨着社會進一步發展，
醫學知識逐漸豐富，巫醫職司兩兼漸趨分化。"大巫管政事為主，
小巫中有部分專職為醫。這種分化，為醫學從巫術中獨立出來準
備了條件。"[1] 久而久之，終於出現了全職的治病工——醫工。

　　順便指出：如今用"医"為"醫"的簡體字，但甲骨文有"医"
字而無"醫"字。在《説文》中，醫（yī）和医（yì）是兩個不
同的字。《説文·匸部》曰："医，盛弓弩矢器也。從匸從矢。《國
語》曰：'兵不解医。'"《繫傳》作"從匸矢，矢亦聲"。医本是
盛弓弩之矢的容器，即矢箙。

二　《天回醫簡》《黃帝內經》與《説文》

　　2012 年秋，成都天回鎮老官山西漢 3 號墓出土了一具髹漆

---

① 馬伯英《中國醫學文化史》上卷，上海：上海人民出版社，2010 年，
　　第 126 頁。

經脉人像（M3：44）和兩萬多字的醫學竹簡。《天回醫簡》由八種醫書組成：《脉書·上經》《脉書·下經》《逆順五色脉臟驗精神》《犮理》《刺數》《治六十病和齊湯法》《經脉》《療馬書》，涉及經脉、臟腑、腧穴、刺法、治療馬病等内容，更有沿用至今的多個古代方藥，内容豐富，體系完整，兼具理論和臨床價值。其主體部分抄録於西漢吕后至文帝時期，在漢景帝時由齊魯傳入蜀地。研究者認爲，《脉書·上經》中提到的醫家"敝昔"，即"扁鵲"。《天回醫簡》在學術上應源於扁鵲和倉公。《天回醫簡》比《黄帝内經》早 200 多年，今《素問》《靈樞》《難經》乃"傳訓詁"之作，即解經之作。① 《黄帝内經》篇幅大爲增加，内容也更爲豐富。

　　《黄帝内經》中有整套的醫學理論，歷來被視爲中醫學的理論基礎。《黄帝内經》包括《素問》《靈樞》共 18 卷，162 篇。《黄帝内經》的成書年代，歷來存在多種觀點。元代名醫吕復（字元膺，晚號滄州翁）"於醫門群經及古今方論無不考索其要歸"，他曾指出："《内經素問》，世稱黄帝、岐伯問答之書。及觀其旨意，殆非一時之書；其所撰述，亦非一人之手。劉向指爲諸韓公子所言，程子謂出於戰國之末。而其大略正如《禮記》之萃於漢儒與孔子、子思之言並傳也。"② 學界主流認爲："《内經》並非出自一時一人之手，而是由戰國至秦漢時期許多醫家搜集、整理、綜合

① 天回醫簡整理組《天回醫簡》上册，北京：文物出版社，2022 年，第 6 頁。
② 戴良《滄州翁傳》，載《九靈山房集》卷二十七，四部叢刊初編本，第 12b—13a 頁。

而成，是一部匯集古代眾多醫家經驗和理論的醫學總集。”① 但諸家仁智互見，觀點並不統一。如馬伯英認為《內經》成書於《呂氏春秋》之後，略早於劉安《淮南子》，約當漢初黃老之學興盛之期。②

《説文》與《天回醫簡》《黃帝內經》頗有關係，它們所反映的思維模式、哲學觀念以及人體疾病和治療知識大有交集。曾有學者認為，貫穿《內經》的“天—地—人”生態醫學思維模式，作為《內經》理論基礎的“氣、陰陽、五行”學説，與《説文》所體現的“天—地—人”宇宙思維模式和陰陽五行學説，有共同的來源，可通過《説文》追本溯源。③《天回醫簡》也不例外。在整理《天回醫簡》的過程中，《説文》屢被引用。如《天回醫簡·脉書上經》曰：“心。敝（扁）昔（鵲）曰：脉句至者曰病出心，心曰善悲，得之憂。”“肺。毛至曰病出於肺。”整理者注：悲，《説文》：“痛也。”憂，《玉篇》：“心動也。”與心病之義合。④《天回醫簡·和齊湯法》中，治心痹方以勺藥等合藥製丸，其中有一道“研磑”工序。⑤《説文·石部》曰：“磑，䃺也。”“䃺，石磑也。”互訓。段玉裁注：“（䃺）今字省作磨。引伸之義為研磨。”“研磑”

---

① 張成博、程偉《中國醫學史》，北京：中國中醫藥出版社，2016年，第34頁。
② 馬伯英《中國醫學文化史》上卷，第209頁。
③ 蘭鳳利《論〈黃帝內經〉對〈説文解字〉的影響》，《中華醫史雜志》2006年第4期。
④ 天回醫簡整理組《天回醫簡》下册，第8頁。
⑤ 同上書，第94頁。

即今"研磨"。

三　《説文》是醫藥基本知識的寶庫

　　《説文》藴含着豐富的中醫學資料與信息，涉及中醫的基礎理論，以及人體生理與解剖、病名與病狀、病因與病機、診斷與治療、藥物和養生保健等内容。其不但在歷史上普及醫藥基礎知識，而且至今仍是我們藉以理解古醫書中名詞術語含義的要籍。

　　據許敬生《簡論〈説文解字〉在中醫研究中的價值》一文統計，在《説文》全書所收的 9353 個漢字中，與醫藥學直接相關的將近 1300 個，其中病名、病理方面的有 427 個，涉及内、外、婦、兒、五官、皮膚科及流行病等。"疒"部共收字 102 個，大多與疾病有關。[1] 如《太平御覽·疾病部一》曰："《説文》曰：'疾，病也。''疹，病加也。''痎，熱病也。''瘵，勞病也。''疸，黄病也。''痁，入病也。'"又如《説文·疒部》曰："疒，倚也。人有疾病，象倚箸之形。凡疒之屬皆从疒。""疫，民皆疾也。"

　　下面舉幾個具體的例子。《説文·疒部》曰："瘨，病也。从疒眞聲。一曰腹張。"《説文》無"脹"字。腹張，即腹脹。《説文·肉部》曰："膜，起也。从肉真聲。"《素問》曰："濁氣在上，則生膜。"王冰注："膜，脹起也。"今疑"一曰腹張"本當繫於"膜，起也。从肉真聲"之下。《説文繫傳》引揚雄曰："'臣有

---

① 夏慧茹《〈説文解字〉對疾病成因的認識（Ⅰ）》，《時珍國醫國藥》2008 年第 2 期。

瘨眩病',瘨,(顛)倒也。"(據《繫傳校勘記》)段玉裁注"《急就篇》作顛疾"。《五十二病方》《天回醫簡·刺數》中也有"顛疾"。"瘨"即癲字,顛倒之顛,於人而言,義同跌倒。如《素問·腹中論》曰:"石藥發癲。"石藥指的是寒石散,服久突發,失據摔倒。當然,《說文》中與疾病有關者遠不止於疒部,如《天回醫簡·和齊湯法》"治腐痹方"之三十六"治過及惡傷",注釋曰:"過,疑讀為'喎'。《說文》:'咼,口戾不正也。'"[1] 又如此方之四十二"治心腹為病"曰:"如大伏蠟蛟蛕,動如蚖、蜥蜴者,此皆在腸中。"注釋曰:"蠟,《說文》:'蠅胆也。'段注:'蠟、胆音義皆通。'伏蠟,深藏腹中類蛆之蟲。""蚖,《說文》:'榮蚖。'榮蚖即蠑螈。"[2] 餘不贅引。

關於人體的知識是醫藥的基礎。《說文》中關於人體內部的分析和臟腑名稱的記錄有實用價值,直到今天仍是一般人對於人體內臟的基本常識。《說文·肉部》所分析的人體內臟器官,頗為精細,且多與古代醫療有關。如《說文·呂部》曰:"呂,脊骨也。象形。""𦝠,篆文呂,从肉,从旅。"當謂"从肉,从旅,旅亦聲"。陸宗達說:"呂是脊椎骨,人體的主幹,是醫療者非常重視的人體部位。呂可以任重,可以背負,人的呂脊如屋之梁,呂梁雙聲,又魚陽對轉,是一語的孳乳。地方有取名呂梁的,也是取能剛強負重的意思。"[3]《說文·肉部》曰:"脢,背肉也。"脢,

---

① 天回醫簡整理組《天回醫簡》下冊,第114頁。

② 同上書,第116頁。

③ 陸宗達《說文解字通論》,第168頁。

又名"胂"。《易·咸卦》云："咸其脢。"王肅注："脢在背而夾脊。"豬羊體内吕脊兩邊所生的肌肉，即"吕肌"或"脢肌"，俗作"裏肌"，最為鮮嫩可口。人體吕脢及其附近集中了衆多重要穴位。如中膂俞穴，出自《内經·靈樞·刺節真邪》，中即中間，膂即挾脊肌肉，俞即輸注，此穴位約居人身之中部，是挾脊肌肉之氣轉輸於後背體表的部位。又如命門穴，位於後背兩腎之間，第二腰椎棘突下，與肚臍對應，乃是人體督脉上的要穴。

四　《説文》與本草

　　《説文·艸部》曰："藥，治病艸，从艸樂聲。"《證類本草》卷一《序例上》引孟蜀韓保昇云："按藥有玉石、草木、蟲獸，直云本草者，為諸藥中草類最多也。"故中藥學古稱"本草"，其名始見於西漢。《漢書·郊祀志下》曰：成帝建始二年（前31），宰相匡衡、御史張譚奏罷部分舊祠，結果"候神方士使者副佐、本草待詔，七十餘人皆歸家"。本草待詔，漢代官名，顏師古注："以方術、本草而待詔者。"尚志鈞《神農本草經校注》以為《神農本草經》是本草待詔者的托名之作。《漢書·遊俠傳》曰："樓護字君卿，齊人。父世醫也，護少隨父為醫長安，出入貴戚家。護誦醫經、本草、方術數十萬言，長者咸愛重之，共謂曰：'以君卿之材，何不宦學乎？'由是辭其父，學經傳，為京兆吏數年，甚得名譽。"樓護西漢末已從政，此前"本草"已能成誦，應已初步成書。《漢書·平帝紀》曰：元始五年（公元5年）"徵天下通知逸經、古記、天文、歷算、鍾律、小學、史篇、方術、本草及以《五經》《論語》《孝經》《爾雅》教授者"。共徵得數千人之多，諒其中知曉本草者，人數已遠超建始二年歸家的本草待詔。

《神農本草經》的成書年代有戰國説、秦漢説、東漢説。《中國醫學史》認為："《神農本草經》並非出自一時一人，大約是秦漢以來許多醫藥學家不斷搜集藥物學資料，直至東漢時期才最後加工整理成書的。"[1] 馬伯英則認為《神農本草經》成書於西漢。[2] 不管《神農本草經》與《説文》孰先孰後，《説文》之前已經有了大量的中草藥知識，並反映在《説文》之中。

《淮南子·修務訓》曰："古者民茹草飲水，採樹木之實，食蠃蚘之肉，時多疾病毒傷之害。於是神農乃始教民播種五穀，相土地，宜燥濕肥墝高下，嘗百草之滋味，水泉之甘苦，令民知所辟就。當此之時，一日而遇七十毒。"神農嘗百草，一日而遇七十毒的傳説，膾炙人口。人們對此"毒"字的理解見仁見智。一般以為指傷害人體的毒草，即《説文·中部》所説："毒，厚也。害人之草。往往而生。"或以為分出了不毒者為食，有毒者為藥。或以為均指毒草，但毒性有強弱。而《周禮·天官》所謂的"聚毒藥以共醫事"的毒藥，毒與藥通義，即廣義的藥。如明代醫家張介賓《類經》卷十二云："毒藥者，總括藥餌而言，凡能除病者，皆可稱為毒藥。"卷十四又云："是凡可避邪安正者，均可稱為毒藥，故曰毒藥攻邪也。"[3] 張介賓主張醫易同源，療病思想以"陽非有餘，陰常不足"

---

[1]　張成博、程偉《中國醫學史》，第 37 頁。
[2]　馬伯英《中國醫學文化史》上卷，第 225 頁。
[3]　張介賓《張景岳醫藥全書》，北京：中國中醫藥出版社，1999 年，第 199、260 頁。

為中心。其《景岳全書》卷四十八說："人參、熟地，則氣血之必不可無。故凡諸經之陽氣虛者，非人參不可；諸經之陰血虛者，非熟地不可。"[1]因其常重用熟地，故有"張熟地"之稱。

地黃、人參和桂、桔等藥物在《說文》和《神農本草經》中均可查到，可以參照。《神農本草經》曰："乾地黃，味甘，寒。……逐血痹，填骨髓，長肌肉……生者尤良，久服輕身不老。"《爾雅》曰："苄，地黃。"郭璞注："一名地髓，江東呼苄。"《說文·艸部》云："苄，地黃也。"

《說文·艸部》曰："薓，人薓，藥艸，出上黨。从艸浸聲。"人薓，省作人薓，即人參。《神農本草經》曰："人參，味甘，微寒。主補五臟，安精神，定魂魄，止驚悸，除邪氣，明目，開心益智。久服輕身延年，……生上黨山谷。"

《說文·木部》曰："桂，江南木，百藥之長。"桂，指肉桂。《神農本草經》曰："箘桂，味辛，溫。主治百疾。養精神。和顏色。為諸藥先聘通使。久服輕身不老，面生光華媚好，常如童子。生交趾、桂林山谷。""牡桂，味辛，溫。……補中益氣。久服通神，輕身不老。生南海山谷。"箘桂生交趾、桂林山谷，牡桂生南海山谷，故《說文》泛稱"江南木"。段玉裁注："箘桂味辛溫。主百病。養精神。和顏色。為諸藥先聘通使。故許云百藥之長。""諸藥先聘通使"者，實猶後世本草引藥，引諸藥之力達其病所。

《說文·木部》曰："桔，桔梗，藥名。从木吉聲。一曰直木。"段玉裁注："桔梗，艸類。《本艸經》在艸部。而字从木者，艸亦

① 張介賓《張景岳醫藥全書》，第 1541 頁。

木也。"《神農本草經》曰："桔梗，味辛，微溫。……生嵩高山谷。"

古文獻中"勺藥"（芍藥）一詞多義。《神農本草經》中的芍藥是一種治病草藥。芍藥（Paeonia lactiflora Pall）是芍藥科芍藥屬的多年生草本植物，既能藥用，又有觀賞價值。起初人們不清楚芍藥有白芍和赤芍之分，後來才知兩者性狀完全不同，藥性和功效亦不完全相同。金代成無己《注解傷寒論》卷二曰："芍藥，白補而赤瀉，白收而赤散也。酸以收之，甘以緩之，酸甘相合，用補陰血。"指出白補而赤瀉，白收（酸味）而赤散（香氣濃）。

《詩經·鄭風·溱洧》云："維士與女，伊其相謔，贈之以勺藥。"毛傳："勺藥，香艸。"鄭箋："其別則送女以勺藥，結恩情也。"《正義》引《義疏》云："今藥草芍藥無香氣，未審今何艸。"《詩經》中的"勺藥"是否即《神農本草經》中的"芍藥"，歷史上多有異説。馬瑞辰《毛詩傳箋通釋》卷八以為："古之勺藥非今之所云芍藥，蓋蘼蕪之類，故《傳》以為香艸。"周振甫《詩經譯注》、程俊英《詩經譯注》都採用馬説。不過此問題至今依然沒有定論。以為今之芍藥始載於《詩經》者比比皆是。

《山海經》中多處提到的"芍藥"，應指藥草，似無爭議。《山海經·北山經》曰："（繡山）其草多芍藥、芎藭。"郭璞注："芍藥一名辛夷，亦香艸屬。"與芍藥並列的芎藭（別名蘼蕪），也是中藥名，均收入了《神農本草經》。芍藥用於醫療，早於《神農本草經》。1973 年湖南長沙馬王堆 3 號西漢墓中出土的《五十二病方》記載：毒烏喙者（可能為含烏頭的毒箭所傷），"屑勺藥，

以□（酒）半梧（杯），以三指大捽（撮）飲之”。《説文·疒部》
曰：“疽，癰也。从疒且聲。”“癰，腫也。从疒雝聲。”《五十二
病方》所載治疽病，用芍樂等七物。若治腎疽，“倍芍藥，其餘
各一。並以三指大最（撮）一入梧（杯）酒中，日五六飲之”。①
在此勺藥、芍樂、芍藥三者相通。

陸宗達説：“勺藥是指調和飲食的佐料。……中醫處方喜和
咸、酸、苦、辣以成劑。其所用的姜、桂、烏梅、黄芪等既可用
為藥物的調和，也可用為食物的調和。……治病之草所以名為藥
草，正是來源於勺藥，取其調和之義。從語言發展規律來看：食
物的調和叫‘麻’，治病草的調和叫‘藥’，音節的調和叫‘樂’。
《五十二病方》飲藥作‘飲樂’。這決不是別字或脱訛，而是樂
藥同字的證明。”②《説文·疒部》曰：“療，治也。从疒樂聲。療，
或从寮。”段玉裁注引《詩·陳風》：“泌之洋洋，可以樂饑。”箋
云：“可飲以療饑。”説明“是鄭讀樂為療也”。療，古“療”字。
陸宗達説：“療與藥同一形聲系統，療即藥字。”③療、療、樂、藥
在歷史上的通用和分化也是中國古代醫藥的特色之一。

《説文·艸部》的“芍”字，許慎解作“芍，鳧茈也。从艸
勺聲”。段注：“鳧茈也。見釋艸。今人謂之荸臍。即鳧茈之轉語。”
此芍非芍藥，乃是鳧茈的別名。

① 魏啓鵬、胡翔驊《馬王堆漢墓醫書校釋》第一冊，成都：成都出版社，
　　1992 年，第 114—115 頁。
② 陸宗達《説文解字通論》，第 173 頁。
③ 同上。

五　經絡針灸

針刺、灸治、按摩、熱熨和氣功導引實踐，甚至特異功能的感悟，各種局部認識相互補充和佐證，使古人逐漸發現人體內部存在某種秩序井然的生理系統。《説文·系部》曰："經，織也。""緯，織橫絲也。""絡，絮也。一曰麻未漚也。"中醫家借用現成的經、絡等字，初步形成了中醫經絡學説的框架。《內經·靈樞·經水》曰："若夫八尺之士，皮肉在此，外可度量切循而得之，其死可解剖而視之，其臟之堅脆，府之大小，谷之多少，脉之長短，血之清濁，氣之多少……皆有大數。"古代醫家的信念和解剖實踐有助於認識內臟的位置、形態和生理功能，逐漸補充完善經絡系統。

1983—1984 年間，湖北江陵張家山西漢墓出土了竹簡《脉書》和《引書》（導引術專著），墓葬年代為漢代呂后至文帝初年。湖南長沙馬王堆漢墓出土的一批醫書的成書年代大約在戰國至秦漢之際，於漢文帝十二年（前 168）隨葬。其中帛畫《導引圖》是醫療體操圖，《卻谷食氣》是氣功導引專著，《陰陽十一脉灸經》《脉法》和《陰陽脉死候》係《脉書》的一種傳本。[1] 成都老官山漢墓主人的下葬年代在西漢景、武時期，M3 出土的髹漆經脉人像為男性身，棕色漆面，高 14.9 厘米。該人像身上繪有紅色經脉綫 22 條，並有 41 條刻劃綫，兩者共 63 條。人像的頭面、四肢、關節、小腹、腰背處刻有 111 個圓點（腧穴雛型），一些部

---

[1] 黃龍祥《老官山出土漢簡脉書簡解讀》，《中國針灸》2018 年第 1 期。

位還標有"心""肺""肝""胃""腎"等銘文。這是迄今為止發現的時代最早、保存最完整的經穴人體醫學模型。(圖 4-1)[①] 近幾十年出土的一系列醫學文獻和文物不斷更新和豐富經絡學説發展史。隨着經絡學説的進展,《内經》中多處出現了"經絡"一詞。

圖 4-1　髹漆經脉人像

　　《靈樞・經脉》指出:"經脉者,所以能决死生,處百病,調虚實,不可不通。"此篇歸納總結十二經脉、絡脉的循行及所主相關疾病,整合此前多種脉書(包括《天回醫簡》中的《經脉》)的成果,是經絡理論的奠基之作。《靈樞・脉度》曰:"經脉為裏,支而横者為絡,絡之别者為孫。"《靈樞・本藏》説:"經脉者,所以行血氣而營陰陽,濡筋骨,利關節者也。"《靈樞・海論》説:

① 天回醫簡整理組《天回醫簡》下册,第 168 頁。

"夫十二經脉者，内屬於府臓，外絡於肢節。"它們指出經絡是一種運行氣血、聯繫臓腑肢節及溝通上下内外的通道。血行脉中，氣行脉外。營血行於脉中，衛氣行於脉外。氣血運行，營養全身，使周身密布營衛之氣，抵御病邪内侵。

《説文·气部》曰："气，雲氣也。象形。凡气之屬皆从气。"由此引申為元氣，成為醫理之本。《説文·色部》曰："色，顔气也。从人从卩。凡色之屬皆从色。"《素問·經絡論》曰："經有常色，而絡無常變也。"經脉内連腑臓，有五行之常色，而絡脉則浮見於外，其色變無常。俗語所謂氣色好，指的是身體健康，氣血充盈，運行通暢，陰陽平衡，生機旺盛，顔面上就能感知。反之，若氣色差到極點，無異"病入膏肓"。

《左傳·成公十年》曰："（晉景）公疾病，求醫於秦。秦伯使醫緩為之。未至，公夢疾為二豎子，曰：'彼，良醫也。懼傷我，焉逃之？'其一曰：'居肓之上，膏之下，若我何？'醫至，曰：'疾不可為也。在肓之上，膏之下，攻之不可，達之不及，藥不至焉，不可為也。'……將食，張，如廁，陷而卒。"晉景公獳病重，求助於秦。名醫緩觀顔察色，診斷晉景公的病情已嚴重到無藥可救、無術可施的地步。《説文·肉部》曰："肓，心上鬲下也。从肉，亡聲。《春秋傳》曰：'病在肓之下。'"依段注當作"心下鬲上也""病在肓之上"。賈逵、杜預注皆云："肓，鬲也。"鬲即膈。《説文·肉部》曰："膜，肉間胲膜也。"人體内將腹腔和胸腔分隔開的膜狀肌肉，稱為横膈膜。《説文·肉部》曰："膏，肥也。"心尖的脂肪叫膏。肓的部位，在心臓之下，横膈膜之上。"病入膏肓"直搗"心主神明"的大本營，已針石湯藥無效，不可救療。或認為晉景公患的可能是心臟病，心臟病發和跌入糞坑禍不單行。孰先孰後，因果關係和具體細節已不可考。

經絡學說作為中醫學基本理論的一個重要組成部分，貫穿於中醫的生理、病理、診斷和治療等各個方面。它不僅對臨床診斷疾病、擬定治則和處方遣藥有重要的指導作用，而且是人體針灸、推拿按摩以及氣功的基礎。《天回醫簡·脉書·上經》曰："敝（扁）昔（鵲）曰：人有五藏（臟）九徹（竅）十二節，皆髦（朝）於氣。"① 注釋者引用的《素問·生氣通天論》曰："天地之間，六合之內，其氣九州、九竅、五藏、十二節，皆通乎天氣。"說明"朝於氣"就是人的五臟、九竅、十二節與自然界之氣相通。形象化的説明見於經脉人像身上刻的 100 多個圓點，它們既是診察病候以決死生的切脉診部位，又是刺灸治療的施術部位，② 表示的就是人體與自然界之氣相通之處。針灸治病有着深厚的中華文化根脉，源遠流長。

《説文·石部》曰："砭，以石刺病也。"砭石可謂最古老的醫療工具，產生於新石器時代。多年來考古中已發掘出各種形態的新石器時代的砭石，有刀形、劍形、針形等多種。山東龍山文化遺址中曾出土灰黑色陶針，山東平陰商周遺址中曾出土骨針。砭石又稱針石或鑱石，除用來刺病，還用於外科化膿性感染的切開排膿。原始社會東夷人有鳥圖騰崇拜，將名醫稱為扁鵲。山東微山縣兩城山出土的漢畫像石有三幅鳥形扁鵲行針圖，圖中半人半鳥的神醫，手持一針形器物，為病人針刺。圖4-2 為其中之一。

① 天回醫簡整理組《天回醫簡》下冊，第 5 頁。
② 同上書，第 175 頁。

扁鵲曾是名醫的通稱，東周名醫秦越人醫術高超，而有扁鵲之號。[1]
《漢書·藝文志》著録的《扁鵲内經》和《扁鵲外經》，往昔以為
已失傳。出土文獻《天回醫簡》"當與此一脉相承"[2]，歷歷可考。

　　英國李約瑟（Joseph Needham，1900—1995）博士曾經指出：
"針灸療法依據的理論系統甚具中世紀特色，只是理論相當複雜
微妙，並飽含值得當代醫學科學借鑒的真知灼見。""如今我們正
在依據生理學和病理學原理為它尋找解釋，並取得了巨大進展，
雖然我們還沒有找到最終答案。"[3] 迄今為止，經絡系統也尚未得
到近代解剖學的證實，"中醫的經絡系統是否有科學依據"懸而
未決。然靠現今的科學手段尚難以檢測，並不意味着活體中的經
絡系統是不存在的。經絡系統和針灸療法的奧秘遲早會被揭開。

圖 4-2　山東微山縣兩城山出土東漢扁鵲行針畫像石[4]

---

① 劉敦願《扁鵲名號問題淺議》，載《劉敦願文集》，北京：科學出版社，
2012 年，第 485 頁。
② 天回醫簡整理組《天回醫簡》上册，第 6 頁。
③ 李約瑟《中國古代科學》，李彦譯，貴陽：貴州人民出版社，2009 年，
第 150 頁。
④ 賴非《中國畫像石全集》第二卷，濟南：山東美術出版社，2000 年，
第 42—43 頁。

六　衛生養生

關於天、地、人構成的生態環境，《内經・寶命全形論》曰："天覆地載，萬物悉備，莫貴於人。"又曰："人以天地之氣生，四時之法成。"《説文》中有衛、生二字。《説文・生部》曰："生，進也，象艸木生出土上。"人生是其引申義之一。《説文・行部》曰："衞（衞），宿衞也。从韋、帀，从行。行，列衞也。"先秦智者將衛、生二字組合成"衛生"一詞。

《莊子・雜篇・庚桑楚》載南榮趎願聞衛生之經，老子曰："衛生之經，能抱一乎？"郭象《莊子注》注"衛生"，引"李云：防衛其生，令合道也"。對"衛生之經"，《太平御覽・疾病部》卷一引注曰："衛生謂衛護其生，全性命。"故"衛生"本義，不外乎防衛其生，護衛其命。"衛生"的古義與養生、攝生相通。《莊子・内篇・養生主》曰："庖丁為文惠君解牛，……文惠君曰：吾聞庖丁之言，得養生焉。"《老子・德經》云："蓋聞善攝生者，陸行不遇兕虎，入軍不被甲兵。……夫何故？以其無死地。"古人懂得，衛生、養生和攝生之法就是保持良好心態，周身經脉暢通，飲食天然健康，起居作息有度。

西學東漸中的日本，借用中國古典之"衛生"對譯西洋術語hygiene，賦"衛生"一詞以新義。後被中國譯界吸收，在中國日趨普及。[1] 也就是說，《説文》中舉凡與保健有關的飲食起居、

---

① 馮天瑜、聶長順《三十個關鍵詞的文化史》，北京：中國社會科學出版社，2021年，第571—583頁。

洗漱沐浴、樂舞騎射、健身運動等内容，都與如今所稱"衛生"
有關。

如《説文・酉部》曰："酣，酒樂也。从酉从甘，甘亦聲。"
段玉裁注："張晏曰：中酒曰酣。"飲酒適量，有益身心健康。"醉，
卒也，卒其度量不至於亂也。"若飲酒過量，則傷身亂性。"酱，
酶也。""酶，醉酱也。"依段注所引《尚書》及《周禮》注，當
作"酶，酶酱也"。酱是酶於酒德，養生大忌。《説文・巾部》曰：
"帚，糞也。从又持巾埽门内。古者少康初作箕、帚、秫酒。少
康，杜康也，葬長垣。"段注："糞當作坴。土部曰。坴，埽除也。"
《説文・巾部》又曰："飾，叔（刷）也。从巾，从人，食聲，讀
若式。""飾"即今"拭"字。《周禮・地官・封人》鄭玄注："飾
謂刷治潔清之也。"自古以來，勤於打掃衛生，保持環境清潔，
利於健康養生，早已形成常識。《説文・木部》曰："樂，五聲八
音總名。"段注引《樂記》曰："感於物而動，故形於聲。聲相應，
故生變。變成方，謂之音。比音而樂之，及干戚羽旄，謂之樂。"
音樂具有調攝五臟六腑、安神定氣、康復情志、娛樂養生等功效。

從古代天、地、人之間的樸素互動，到認識地球生態環境與
人類文明發展高度相關，其間科技進步已不可以道里計。《説文》
始一終亥，含生命周而復始、生生不息之意。而今人工智能飛速
發展，人類遇到了前所未有的機遇和重大挑戰，正知化窮冥，勇
敢迎戰，走向未來。

第五章　立中測影量天地

為了追溯中華文明的起源，同時因應國際漢學界的一些疑慮異議，有關部門啓動了規模浩大的中華文明起源探索工程。"何以中國""何為立中"等話題不時成為熱點，諸家爭鳴，百花齊放。若將《説文》"中"字説解去蕪存精，上溯陶寺槷表實物，解析甲骨文"中"字演變，下接《韓非子》"先王立司南"傳統，便可追尋立中、冓旗的歷史真相，大致還原早期立表測影史。

一　"何以中國"和如何釋"中"

西周早期青銅器何尊"宅茲中國"等銘文發現後，1976 年《文物》雜志刊出唐蘭的《何尊銘文解釋》和馬承源的《何尊銘文初釋》兩篇考釋文章，揭開了幾十年來"宅茲中國"研究的序幕。蘇秉琦指出，夏以前的堯舜禹，活動中心在晉南，此時出現了最初的"中國"概念，是萬邦林立的堯舜時代"共識的中國"。[①]何

---

① 蘇秉琦《中國文明起源新探》，北京：生活·讀書·新知三聯書店，1999 年，第 160—161 頁。

驚主張陶寺是最早的"中國"。^① 許宏認為："二里頭文化所處的洛陽盆地乃至中原地區，就是最早的'中國'。"^② 各家見仁見智。2023 年 12 月 9 日，國家文物局發布中華文明探源工程最新進展，將距今 5800—3500 年劃分為古國時代和王朝時代兩個時代。遼寧建平牛河梁、山東章丘焦家、浙江餘杭良渚、山西襄汾陶寺、陝西神木石峁、河南偃師二里頭、四川廣漢三星堆等核心遺址陸續有新的古國時代的考古發現，二里頭遺址中心區新發現的網格形結構的城邑布局成為進入王朝國家的最重要標志。

《説文‧丨部》曰："丨，上下通也。引而上行讀若囟，引而下行讀若逐。凡丨之屬皆从丨。"又曰："中，内也。从口丨。上下通。𠁱古文中，𠁧籕文中。"小徐本作"中，和也"。學界素知許慎的説解有失，所録𠁱和𠁧也已被證明是譌字，但許説自有其價值。從《説文》四大家起，釋"中"的長文短論汗牛充棟。朱駿聲《説文通訓定聲》釋"中"謂："著侯之正為中，故中即訓正。"20 世紀 30 年代，姜亮夫和唐蘭不約而同地考釋"中"字，貢獻卓見。姜亮夫的《文字樸識‧釋中》認為："朱豐芑以為中之本義當訓為矢著正也。其言最為精當。蓋〇象侯鵠，而丨則象矢。矢貫的曰中，斯為此義朔義矣。"^③ 唐蘭的《釋中沖》分析甲骨文"中"的"最古"字形及其演變，提出"然則中本旌旗之類也"，並作

---

① 何駑《再論"最早中國"及其判斷標準》，載《三代考古（九）》，北京：科學出版社，2021 年，第 160—168 頁。
② 許宏《最早的中國》，北京：科學出版社，2009 年，第 15 頁。
③ 姜亮夫《釋中》，載《姜亮夫全集》第十八卷，昆明：雲南人民出版社，2002 年，第 371 頁。

圖示意。他指出："蓋古者有大事，聚眾於曠地，先建中焉，群眾望見中而趨附，群眾來自四方，則建中之地為中央矣。然則中本徽幟，而其所立之地，恒為中央，遂引申為中央之義，因更引申為一切之中。"[1] 于省吾《釋中國》一文的解說類同。[2] 此為現在學界對"中"字源流的主流解釋。

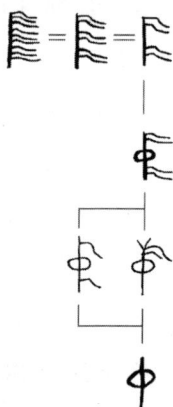

圖 5-1 唐蘭所擬甲骨文"中"的字形演變[3]

《尚書·盤庚》曰："天其永我命於茲新邑，紹復先王之大業，厎綏四方。"1944 年，胡厚宣就指出卜辭稱"商"為"中商"或"天邑商""大邑商""大邑"，認為"'商'而稱'中商'者，當

---

① 唐蘭《殷虛文字記·釋中沖》，載《唐蘭全集》第六册，上海：上海古籍出版社，2015 年，第 87—89 頁。

② 于省吾《釋中國》，載《中華學術論文集——中華書局成立七十周年紀念》，北京：中華書局，1981 年，第 9 頁。

③ 唐蘭，前引書，第 87 頁。

即後世'中國'稱謂之起源也"。①《拾遺》190 曰："侯亢來，入
（納）賈於我或（國）商。""我或（國）商"與"宅兹中或（國）"
在商周政治地理架構上一脉相承。

20 世紀 80 年代起，蕭良瓊等學者開始論證"中"字本義是
立表測影。迄今"中"字本義已有旗幟説、槷表説、測風説、中
矢説、地中説、建鼓説等多種觀點。2008 年清華大學入藏的戰
國楚簡《保訓》，提到了舜"求中"而"得中"和商祖先上甲微"追
中於河"的歷史經驗。對《保訓》篇内的"中"字，有多達七種
主要觀點：中道説、地中説、社會倫理説、民衆説、訴訟説、旌
旗説和軍隊説。馮時認為："諸説之中，當以天地之中説為是。"②
下文將圍繞立表測影展開討論。

二　陶寺圭表和古尺復原

《考工記》曰："人長八尺。"《周髀》云："周髀長八尺"，
"立表高八尺"。立表測影由立人測影而來。藉考古發現所賜，
4000 多年前的測影表桿已經現身。山西襄汾陶寺早期遺址距今
4300—4100 年，中期遺址距今 4100—4000 年，晚期遺址距今
4000—3900 年。1984 年，陶寺早期中型墓 M2200 出土紅漆木桿
一支，出土時斜立於墓壙左壁下。編號為 M2200：2，殘長 214

---

① 胡厚宣《論殷代五方觀念及"中國"稱謂之起源》，載《甲骨學商史
論叢初集》，成都齊魯大學國學研究所，1944 年。
② 馮時《文明以止——上古的天文、思想與制度》，北京：中國社會科
學出版社，2018 年，第 169—173 頁。下文該書名簡稱《文明以止》。

厘米。上端略粗，直徑 4 厘米；下端略細，直徑 2 厘米，接近墓底處已殘。[1]何駑視其為當年的八尺之表。[2]《淮南子·天文訓》曰："欲知天之高，樹表高一丈。"馮時據 M2200：2 的長度及其通體紅色，指出它應是陶寺文化當年測日高的一丈高表。[3]

2002 年秋，陶寺中期 IIM22 王級大墓發現一支多彩漆木桿，出土時倚南壁直立放置，編號為 IIM22：43，殘長 171.8 厘米，直徑 2—3 厘米，上面布滿黑、綠、粉紅相間，長短不等的色帶。[4]何駑以為，它是與立表配套使用的圭尺，甲骨文"中"字字形"中、其實就是圭尺的象形，| 為圭尺桿體，□或○描繪的是遊標玉琮"，"似飄帶"者是"圭尺上彩漆色段的指示"。故"甲骨文的'中'字本義就是圭表觀測儀器系統中的圭尺"，"'中'僅表示圭尺，不表現'立表'"。[5]馮時提出量尺的刻度必須等分、圭尺材質要求等四點質疑，認為 IIM22：43 不是圭尺，而是古人測影之槷表。[6]使用時豎立在地面以上的長度為八尺。[7]五方與五色相屬，陶寺槷表桿體髹以黑、綠兩色且間以粉紅色，應具有方色的意義。[8]根據已經公布的考古

[1] 中國社會科學院考古研究所、山西省臨汾市文物局《襄汾陶寺：1978—1985 年考古發掘報告》，北京：文物出版社，2015 年，第 665 頁。
[2] 何駑《怎探古人何所思——精神文化考古理論與實踐探索》，北京：科學出版社，2015 年，第 142 頁。下文該書名簡稱《怎探古人何所思》。
[3] 馮時《文明以止》，第 123—124 頁。
[4] 何駑，前引書，第 123—124 頁。
[5] 同上書，第 135 頁。
[6] 馮時，前引書，第 121 頁。
[7] 同上書，第 95、97 頁。
[8] 同上書，第 100 頁。

資料，我們的下述發現也證明 IIM22：43 是測影之蓺表。

何駑認為陶寺文化的長度基元 1 尺為今公制 25 厘米[1]，可備一說。但我們發現陶寺文化古尺很可能長 20 厘米，至少有下列三個證據：

（1）陶寺遺址發現了 IIFJT1 觀象臺，確認了 12 個當年的觀測縫。《陶寺中期小城大型建築基址 IIFJT1 實地模擬觀測報告》載有 2005 年的實測數據。[2] 鑒於栗氏量尺每尺約 19.7 厘米，這 12 個觀測縫的寬度大多為 20 厘米，我們以每尺 20 厘米折算，列成表 5–1。據原報告，東 1 號縫不是用於日出觀測，東 11 號縫不是常規的狹縫，這兩縫應被視為特殊情況，不必計入。其他絕大多數縫寬等於 1 尺或 2 尺，這不會是巧合。

表 5–1　IIFJT1 觀象臺觀測縫寬度及其折算表

觀測縫	平面形狀	寬度（厘米）	折合尺長（每尺 20 厘米）	備註
東 1	長條形	30	1.5	不是用於觀測日出
東 2	長條形	25	1.25	
東 3	長條形	20	1	
東 4	長條形	20	1	
東 5	長條形	20	1	

---

① 何駑《怎探古人何所思》，第 166 頁。

② 解希恭《襄汾陶寺遺址研究》，北京：科學出版社，2007 年，第 195 頁。

續表

觀測縫	平面形狀	寬度（厘米）	折合尺長 （每尺20厘米）	備註
東6	長條形	20	1	
東7	喇叭形	内20，外50	内1，外2.5	
東8	長條形	20	1	
東9	喇叭形	内15，外40	内0.75，外2	
東10	喇叭形	内14，外20	内0.7，外1	
東11	前後空檔 側視成縫	50	2.5	情况特殊
東12	長條形	40	2	

（2）尺長20厘米與一丈之表（M2200：2）、八尺之表（IIM22：43）的實物殘長比較，可相互驗證。據何駑《怎探古人何所思》圖五九"IIM22：43漆桿圖"及表九"IIM22：43漆桿刻度尺寸詳表"，IIM22：43的第5段（粉紅色）、第6段（石綠色）、第7段（粉紅色）、第8段（黑色），分別距桿底17.15厘米、23厘米、24.3厘米、32.9厘米。[1] 我們發現，第6段和第8段較長，第7段甚短，僅1.3厘米，此處當是植埋後與地面相平的標記，表桿露出地面者當爲160厘米。整段表桿總長度約184厘米，與實物殘長171.8厘米比較，相當合理。M2200：2地面以上露出一丈（200厘米），其餘植埋地下（14厘米＋毀損部分），也合情合理。

---

[1] 何駑《怎探古人何所思》，第124—126頁。

0 ___30 厘米

圖 5-2 陶寺 M2200 出土的槷表（M2200：2）[1]

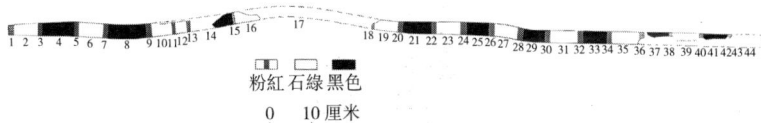

1 2 3 4 5 6 7 8 9 10 11 12 13 14 15 16 17 18 19 20 21 22 23 24 25 26 27 28 29 30 31 32 33 34 35 36 37 38 39 40 41 42 43 44

▨ ▢ ■
粉紅 石綠 黑色

0 ___ 10 厘米

圖 5-3 陶寺 IIM22 出土的槷表（IIM22：43）[2]

（3）《考工記·玉人》曰："土（度）圭尺有五寸，以致日，以土地。"土圭以玉製成。[3] 陶寺遺址 IIM22 墓還出土了 IIM22：23 和 IIM22：128 兩具玉器，前者一孔青色，長 13.8 厘米；後者二孔赤色，長 16.6 厘米。[4] 發掘簡報稱之為玉戚。馮時稱之為玉圭，即度地之土圭，一孔青色者是陽圭，二孔赤色者是陰圭。一陰一陽兩具土圭，"共長 30.4 厘米，這或許反映了該地夏至日正

---

[1] 中國社會科學院考古研究所、山西省臨汾市文物局《襄汾陶寺：1978—1985 年考古發掘報告》，第 665 頁。

[2] 何駑《怎探古人何所思》，第 124 頁。

[3] 李約瑟《中國科學技術史》第三卷《數學、天學和地學》提到："土圭實物現在還存於世，其中有一個是用赤土製的，作於公元 164 年。"（Joseph Needham, *Science and Civilisation in China*, Vol.3, Cambridge University Press, 1959, p. 286）指的是端方（1861—1911）所藏定州出土的東漢桓帝延熹七年（164）仿製土圭，"以土為之，蓋磚之屬"，上窄下寬，通高合東漢 1.48 尺。上有銘文"延熹七年五月九日已卯日入時雨"。劉師培作了考證，認為"此則民間之器，異於朝廷者也"。參見端方《匋齋藏石記》卷一"延熹土圭"。

[4] 何駑，前引書，第 131 頁。

午的影長"。① 今觀兩土圭的前後兩端不完全平行（圖 5-4），兩圭相接總長度應略短於 30.4 厘米，正與陶寺古尺一尺五寸相當。

圖 5-4　陶寺 IIM22 出土的陰陽兩圭 ②

　　陶寺文化陰陽兩圭總長不僅驗證了陶寺古尺之長，更將陶寺文化與《考工記》時代的立表測影上下溝通，對理解"中"字本義亦大有助益。《説文·立部》曰："立，住也。從大，立一之上。""臣鉉等曰：大，人也。一，地也。會意。"立的本義是象人立地之上。"立中"之"立"，取其本義。

　　據已公布的資料，與 IIM22：128 伴出的還有 IIM22：129 玉琮，但射部已被鋸掉磨平，邊長 5.2 厘米、高 2.8 厘米、孔徑 4.4 厘米。③（圖 5-5）鄧淑蘋稱之為"玉方筒"，指出"明顯是將齊家文化玉琮切去上下射口改製而成"。④ 何駑將其解作圭尺的

① 馮時《文明以止》，第 119 頁。
② 同上書，圖版四。
③ 何駑《怎探古人何所思》，第 132 頁。
④ 鄧淑蘋《交融與創新——夏時期晉陝高原玉器文化的特殊性》，載《夏商時期玉文化國際學術研討會論文集》，北京：科學出版社，2018 年，第 30—54 頁。

"玉琮遊標"。馮時認為："正表之八繩需懸垂於槷表的四角與四中……其功用或許就是校正八繩位置的儀具。"[①] 張光直曾指出琮是巫貫通天地的一項手段或法器。[②] 今疑陶寺文化立表測影儀式包括某種通天地的環節，用到這改製的玉琮。當年如何套表使用雖已不詳，其形象已融入了"中"字初文。

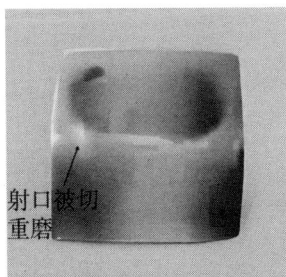

圖 5-5 陶寺 IIM22 出土的由玉琮改製的玉方筒[③]

三 從"追中"到"中商"

唐蘭、姜亮夫等前輩學者樹立了通過形體及語音演變追溯"中"字諸義之範例。隨着甲骨文字研究的不斷進步，資料漸豐，分期益細。今參考《甲骨文合集》《周原甲骨文》《新甲骨文編》，以及漢達文庫、國學大師網的資料，試作《甲骨

---

① 馮時《文明以止》，第 104 頁。
② 張光直《談"琮"及其在中國古史上的意義》，載《文物與考古論集》，北京：文物出版社，1986 年，第 252—260 頁。
③ 《夏商時期玉文化國際學術研討會論文集》，第 36 頁。

文"中"字字形演變簡圖》（圖5-6），以便參照討論，重探
"中"字。

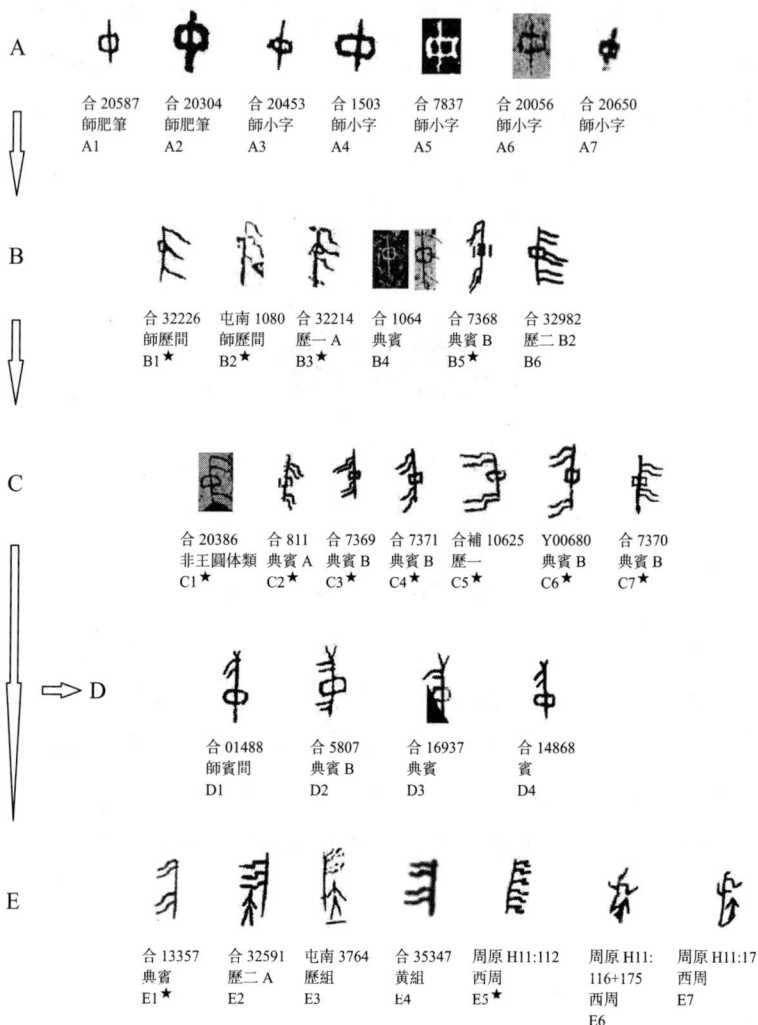

圖5-6　甲骨文"中"字字形演變簡圖（帶★者出自"立中"卜辭）

唐蘭的《釋中沖》認為**ᵇ**、**ᵉ**、**中**三者為一字，"然則中本旌旗之類也"，"以字形言之，中與**ᵞ**相近而實異"。"中"字"當以四游者為最古，……故其字亦以**ᵉ**為最古"。[①] 此説影響甚廣。可是《殷虛文字記》作於 1934 年，當年為客觀條件所限，唐文所舉以為最古的兩個"中"字並非最古。唐文所收《殷契佚存》348 片（即《合集》20453）的"中商"之**ᵠ**，及《殷墟書契前編》8.10.3 片（即《合集》20650）之**ᵠ**，均屬師小字，早於唐文作為立説之基的那兩個"中"字。

馮時考證"上甲微變地中"的故事，指出"《保訓》將求測日影以求地中的工作名為'追中'"。[②] 王亥之子上甲微"追中"於河洛一帶，求測地中。成湯作邦，"乃致衆於亳中邑"，[③] 即聚衆於"亳中邑"，建立商朝。自湯至盤庚，有五次遷徙。盤庚遷殷，最終定於新邑"中商"。殷墟卜辭還有早於《合集》20453 的"中商"字形，其中含有"中"字初文。

1935 年，姜亮夫在《文字樸識·釋中》中説："**ᵠ**為旌旗在日中形"，"**ᵠ**旗之**ᵠ**與盛算之**ᵠ**為聲同，形義相近"，"執**ᵠ**者曰史"。[④] 雖然他以為"矢貫的曰中"，但已指出"**ᵠ**、**中**、**ᵠ**三形的基本母形是**ᵠ**"。[⑤] 黄天樹指出："師組肥筆類是目前所知殷墟卜辭中時代

---

① 唐蘭《殷虛文字記·釋中沖》，載《唐蘭全集》第六册，第 86—87 頁。
② 馮時《文明以止》，第 189 頁。
③ 李學勤《清華大學藏戰國竹簡壹》下册，上海：中西書局，2010 年，第 133 頁。
④ 姜亮夫《釋中》，《姜亮夫全集》第十八卷，第 351、363、397 頁。
⑤ 同上書，第 348 頁。

最早的一類卜辭，其上限為武丁早期，下限延至武丁中期或中晚期之交。"① 試看下例：

    A1 ϕ："庚辰卜：𨳿中商。"（師肥筆，《合集》20587）
    A2 ϕ："……王……中……"（師肥筆，《合集》20304）

    這二字應列入迄今最早的"中"字之列，其中已有"中商"之稱。其他的例子如：

    A3 ϕ："□子（巳）卜，王鼎（貞）：于中商乎（呼）〔（禦）〕方。"（師小字，《合集》20453）
    A4 ϕ："□戌卜，王……中丁……"（師小字，《合集》1503）
    A5 ϕ："勿于中商。"（師小字，《合集》7837）
    A6 ϕ："戊申卜，□□屮中子。"（師小字，《合集》20056）
    A7 ϕ，《合集》20650+20652，經林宏明綴合後得："西眔南，從北眔東不受年。""丁丑卜，王貞，商人受年。""弗受屮年。""戊寅卜，王鼎（貞）：受中商年。七月。"（師小字）② 同一版卜辭中，"商人""中商"與東西南北四方相對，"商"處於天下之中，故稱"中商"。③

---

① 黃天樹《談殷墟卜辭中的師組肥筆類卜辭》，《文博》1997 年第 2 期。
② 林宏明《契合集》，第 80 組，台北：萬卷樓圖書公司，2013 年，第 130 頁。
③ 吳雪飛《談一版新綴卜辭中的"商人"和"中商"問題》，《文獻》2019 年第 4 期。

《甲骨文字詁林》釋"中"指出："左中右之中，中室之中均作🜨或🜨，'中宗''中子''中婦''中商'之中均作中，無一例外。"[1] 遺憾的是沒有把"中商"區分出來。《詩·商頌·殷武》云："商邑翼翼，四方之極。"注曰："商邑，京師也。《箋》云：極，中也。""宅茲中國"之"中"繼承了"中商"之"中"的意思。A 類"中"字啓發我們，《説文》釋"中"稱其"从口"，實應為"从口"，天圓地方，口象四方，非"口舌"之"口"。"｜"代表天中、地中上下相通。"中"在四方之內的中央，也即地中，上達天中，此意只有立表測影才能體現。往上追溯，至少可到陶寺圭表，甚至更早。

韋心瀅認為，"中商"一詞幾乎集中出現在武丁早、中期的師組卜辭中，目前未見於其他時期，似表示"以安陽為中心的王畿地區"。後來王畿擴大，"中商"説法即被淘汰。[2] 我們認為立表測影升級為"立中"組合也是一個重要的原因。

四　"立中"與立表測影

《論語·堯曰》："爾舜，天之曆數在爾躬，允執其中。"1983年蕭良瓊已把"允執其中"的"中"理解為"表"，他通過分析卜辭"立中"之例，指出卜辭裏的"立中"，就是商人樹立測量

---

① 于省吾《甲骨文字詁林》，北京：中華書局，1996 年，第 2943 頁。
② 韋心瀅《殷代商王國政治地理結構研究》，上海：上海古籍出版社，2013 年，第 138 頁。

日影的"中",進行占卜祭祀活動,確定方向,測知二至。① 大約同時,溫少峰、袁庭棟通過對卜辭中"枭""甲""丨""‖"等字的討論,論證殷代及殷代以前有立表測影,"卜辭之'立中'當為'立表測影'"。② 後來馮時、何駑等通過考證陶寺圭表,又為這一觀點補充了有力的論據。現在我們根據已知卜辭"立中"的不同字形,作進一步的分析。

姜亮夫曾指出:"中者,日當午則旌影正,古文作𣁉,上𠂆為旌,下𠂆則旌之投影也,故中有中正、平、直、不阿之義。"③ 但從立表測影的角度思考,釋上下𠃋為表桿之日影可能更為合理。

A、B、C、D類"中"字的豎綫中央均有方框(或圓圈),E類則無。唐蘭曾分析"中"字上似圈物的來歷,以為:"凡垂直之綫,中間恒加一點,雙鈎寫之。……由以省變,遂為ф形矣。"④ 姜亮夫以為:"○為日影。○為𠃌形者,即旌柄在日中時所投之正影。"⑤ 蕭良瓊認為:"中字的結構是象徵着一根插入地下的桿子,一端垂直在四四方方的一塊地面當中。"筆者認為,這種方框(或圓圈)既不是飾筆,也不是旌柄的投影,

① 蕭良瓊《卜辭中"立中"與商代的圭表測影》,《科技史文集》第十集,上海:上海科學技術出版社,1983年,第27—44頁。
② 溫少峰、袁庭棟《殷墟卜辭研究——科學技術篇》,成都:四川省社會科學院出版社,1983年,第8—16頁。
③ 姜亮夫《三楚所傳古史與齊魯三晉異同辨》,《歷史學》1978年第4期。
④ 唐蘭《殷虛文字記·釋中冲》,《唐蘭全集》第六冊,第88頁。
⑤ 姜亮夫《釋中》,《姜亮夫全集》第十八卷,第352頁。

而是表示四方之意，對應於本章第七節兩周祭器"祖執"上的方座。

《考工記》曰："匠人建國，水地以縣，置槷以縣，視以景。為規，識日出之景與日入之景。晝參諸日中之景，夜考之極星，以正朝夕。"郭沫若《殷契粹編》載："殷人於日之出入均有祭，……足見殷人於日，蓋朝夕禮拜之。"①《合集》6572："戊戌卜，内：乎（呼）雀□于出日于入日□。"姚孝遂指出，"于出日于入日"同卜於一辭，而"'出日''入日'分書，足徵于一日之内，于'出日''入日'皆有祭"。②我們不妨推測，立表測影與朝夕祭祀的"雙管齊下"，催生了"立中"之卜，"中"字便由 A 類演變為 B 類。其例子有：

B1 ：："甲寅卜：弜（勿）立中。"（師歷間，《合集》32226）

B2 ：："甲寅卜：立中。"（師歷間，《屯南》1080）

B3 ：："甲寅卜：立中。"（歷一 A，《合集》32214）

B4 ："……□ ※ 三人于中，宜宰。"（典賓，《合集》1064）

B5 ："己亥卜，爭 * 鼎（貞）：王弜（勿）立中。三不□龜。"（典賓 B，《合集》7368）

---

① 郭沫若《殷契粹編》，北京：科學出版社，1965 年，第 355 頁。

② 姚孝遂、肖丁《小屯南地甲骨考釋》，北京：中華書局，1985 年，第 77 頁。

B6 🐦："中教于義，攸侯□□。"（歷二 B2,《合集》32982）

B1、B2 時代最早，B3 也較早，此三字均有三條桿影，上為日出之影，下為日入之影，中間一條繫於方框，示意日中之影。B4、B6 已用於引申義。B6 由三條桿影加倍為六條，其義與三條相同。B5 中間兩條正午日影變為兩段短的豎綫，其原因待考，或許有"參諸日中之景……以正朝夕"之意。

按已知的古文字構形規律，某一筆畫可以重復書寫，故代表日影的筆畫條數不定，以四條居多。又指示符號"○"和"□"可以通用，[1]加上甲骨文的刻寫特點，故一些"中"字的中央既不象方框也不象圓圈。如果將代表日影的斜綫解釋為斿，斿不可能繫在代表四方地面的方框上。很明顯，B 類"立中"指的是立表測影。

C 類省略正午日影，起始年代略晚於 B 類。其中的"立中"之卜為數不少，如：

C1 🐦："己……〔立〕中。"（非王圓體類,《合集》20386）

C2 🐦："壬申卜，殼鼎（貞）：弓（勿）立中，□。"（典賓A,《合集》811）

---

[1] 劉釗《古文字構形學》（修訂本），福州：福建人民出版社，2011 年，第 337 頁。

C3 ："……丙子其立中，亡風。八月。……亡風，易日。"
（典賓 B，《合集》7369）

C4 ："……〔翼（翌）丙〕子其立中，亡風。……允亡風，
易日。"（典賓 B，《合集》7371）

C5 ："甲戌卜：立中易日，乙亥允易日。"（歷一，《合
補》10625）

C6 ："〔癸卯卜〕，爭貞：翌丙子其立〔中，亡〕風。
丙子立中，〔允〕亡風，易日……"（典賓 B，《英藏》680）

C7 ："□酉卜，方（賓）鼎（貞）：翼（翌）丙子其……
〔丙〕子立中，允亡風，易〔日〕。"（典賓 B，《合集》7370+
D327）

羅振玉《增訂殷虛書契考釋》讀"易日"為"錫日"。吳其
昌《殷虛書契解詁》贊同羅振玉之見，認為卜辭中的"錫"字，
確為"賞""賜"之義，與金文同。"錫日"之祭的目的常為"求
晴止雨"。[①] 蕭良瓊指出，卜辭"立中"常與"亡風、易日"上
下文相承，"亡風"保證桿子不被風吹倒；"易"據羅振玉考釋為
"錫"，"易日"即"賜日"，為上天賜以日照，因而是有太陽的晴
天。這些都"與'中'這根桿子必然垂直地立在地面上，並且與
要觀察日影正斜有關"。[②] 馮時指出，"殷人立中唯祈'亡風'和

---

① 吳其昌《殷虛書契解詁》三續 230，台北：文史哲出版社，1971 年，
第 152 頁。
② 蕭良瓊《卜辭中"立中"與商代的圭表測影》。

'錫日'",因"多風乃無從正表,多陰則無法測影……無風與天晴其實是'立中'活動必須具備的天候條件"。[1]

《説文·易部》引秘書説:"日月為易,象陰陽也。"卜辭有"易日"或"不易日"之卜,姜亮夫説:"出日為易。"[2]"易日"是觀察日影的先決條件。黄振華的《論日出為易》和《論日落為易》認為,卜辭的"易"字形如太陽初升或初落,象徵陰陽交替。故"易"是日出或日落的象形。[3]推衍其説,C3—C7形"中"字往下斜的四條綫,應代表表桿的日出、日入之影,而不是旗桿之斿或其斿影。其他C類"中"字為數尚多,由於一字多義或所在之辭殘甚,情形比較複雜,在此從略。

五 不是表旗共建而是一字多義

表旗共建説由來已久。姜亮夫曾論述:"上古樸質,玄木以為表,取表端日光之面,以定正是。即於表上建斿,以為一族指撝之用。於事既便,於理亦最簡,此氏族社會之常例。"[4]現持表旗共建説的學者為數不少,但史實卻指向一字多義而非共建。

《史記·司馬穰苴列傳》載:穰苴與新任監軍、國君寵臣"莊賈約曰:'旦日日中會於軍門。'穰苴先馳至軍,立表下漏待賈。

---

① 馮時《文明以止》,第132頁。
② 姜亮夫《釋中》,載《姜亮夫全集》第十八卷,第354頁。
③ 黄振華《論中國哲學與文化》,台北:時英出版社,2008年,第1—12頁。
④ 姜亮夫,前引書,第352頁。

賈素驕貴……夕時，莊賈乃至……於是遂斬莊賈以徇三軍。三軍之士皆振慄"。為了立威治軍，司馬穰苴馳驅至軍門，立表下漏，等待莊賈上鈎。此表是測影之表，與下文《周禮・大司馬》中的表當為兩物。

《周禮・大司馬》曰："虞人萊所田之野，為表：百步則一，為三表，又五十步為一表。田之日，司馬建旗於後表之中，群吏以旗物、鼓鐸、鐲鐃，各帥其民而致，質明，弊旗，誅後至者。"據孫詒讓《周禮正義》，這是"樹木為表"，250 步共立四表（前表、三表、二表、後表）。它們當然不是測日影用的槷表。田獵之日，司馬在後表與二表之間樹立旗幟以致民，所建之旗應高出八尺之人相當多，才易於識別。

《說文・丨部》曰："介，旌旗杠皃。從丨、從㒸，㒸亦聲。"《周禮・司常》鄭玄注："徽識所以題別眾臣，樹之於位，朝者各就也。"《儀禮・鄉射禮記》曰：士之制"杠長三仞"。《廣雅》曰："天子杠高九仞，諸侯七仞，大夫五仞。"《說文・人部》曰："仞，伸臂一尋，八尺。"《墨子・旗幟》曰："幟竿長二丈五，帛長丈五，廣半幅。"《墨子》所說的幟竿相應於士之旌杠，高度已遠超八尺之表。以 1965 年四川成都百花潭出土的嵌錯燕射水陸攻戰紋銅壺為例，上面的附斿之旗顯然高於戰士，必然高於八尺之表，也不可能用作表桿測影。又，1935 年河南汲縣山彪鎮出土的水陸攻戰紋銅鑒上的旗鼓共建，遠高於戰士，也不可能用作測影之表。（參見圖 5-7）總之，古代不但"中"字一字多義，"表"也一字多義，測影之表與旗分立，殊難共建。

圖 5-7　戰國水陸攻戰紋銅鑒上的旗鼓共建（局部）[1]

D 類 "中" 字的特徵是桿頂分叉，如：

D1 ："己卯卜：……大庚〔至〕于中（仲）〔丁〕……"
（師賓間，《合集》1488）

D2 ："王□（占）曰：'屮（有）求（咎）。'旬壬申中
白□。四月。"（典賓 B，《合集》5807）

D3 ："癸〔亥卜〕，爭 * 鼎（貞）：旬亡囚（憂）。王（占）
曰：'屮（有）求（咎）。'旬壬申中〔白 ※（殊）〕。"（典賓，
《合集》16937）

D4 ："己卯卜，翌庚辰屮于大庚至于中丁一宰。"（賓，
《合集》14868）

孫俊曾整理、考察賓組卜辭的用字情況，其中提到 "中" 字

---

① 閆人軍《考工記導讀》，成都：巴蜀書社，1988 年，第 307 頁。

存在異體分工，主要用作人的稱呼，表示旗幟及中間義。[①] 故 D 類 "中" 字引申為 "中（仲）丁""中師" 之 "中"，或是偶用假字，或是通過加形、減省實現異體分工，其義不是立表測影。桿頂分叉，正是異體分工的標志。

六 從立中測影轉化為建旗再中

E 類 "中" 字的特徵是垂直之綫 "|" 的中間没有方框（或圓圈）。我們注意到 E1 𦥑（《合集》13357）和 C6 𦥑（《英藏》680）都是 "立中" 之卜，卜辭相同，文義應相同，可是其 "中" 字形體不同。E1 省略了垂直之綫中間的方框，很可能這種減省觸發了 "中" 字之義的轉化。到 E4 𦥑（《合集》35347）時，已經完成轉化。原來表示 "日影" 的斜綫轉化為旗斿，"中" 字蜕變為 "旂" 字，而保留 "中間" 之 "中" 的含義。

E5 𦥑（《周原》H11：112）是 "中" 轉化為 "旂" 的典型例子，其卜辭曰："彝文武丁祕貞，王翌日乙酉其柬，再中，□武丁體……"《説文·菁部》曰："再，並舉也。"1975 年陝西岐山縣董家村 1 號青銅窖藏出土裘衛盉，乃西周恭王三年器，銘文有 "王再旂於豐"，即周恭王在豐邑建旗。李學勤説："殷墟卜辭多見 '立中'，與祭祀有關，……'中''立中' 或 '再旂'，均為一事，是祭祀册命之禮的一項儀注，可能與《司常》所説王於祭祀時建

---

① 孫俊《殷墟甲骨文賓組卜辭用字情況的初步考察》，北京大學中文系碩士學位論文，2005 年，第 8—10 頁。

大常類似。"① 實際上，雖然沿用"中"或"表"字，建旗再中的高度，勢必高出八尺之人和測影之表（參見 E2、E3、E6、E7）。順便指出：此字《新甲骨文編》作 ，可從。曹瑋《周原甲骨文》的高清照片顯示此字中間的確相連。② 而《古文字類編》等刊為 ，將其上下斷開，非是。曾有一些著作以 形為據，不免從譌字立説。

E2 ："□午卜……□（羌）甲彡…… 。"（歷二 A,《合集》32591）

《合釋》隸定為"族"。沈建華、曹錦炎《甲骨文字形表》隸定為屮，即"立中"的合文。③

E3 ："丁卯卜取…… 。"（《屯南》3764）

《小屯南地甲骨考釋》隸定為族。④《甲骨文字形表》仍隸定為屮。

E6 。（《周原》H11：116+175）

---

① 李學勤《當代名家學術思想文庫·李學勤卷》,瀋陽：萬卷出版公司,1988 年，第 133—136 頁。
② 曹瑋《周原甲骨文》,北京：世界圖書出版公司,2002 年，H11：112。
③ 沈建華、曹錦炎《甲骨文字形表》,上海：上海辭書出版社,2008 年,第 134 頁。
④ 姚孝遂、肖丁《小屯南地甲骨考釋》,第 347 頁。

E7 . (《周原》H11：17)

《新甲骨文編》認為 E2、E3、E6、E7 是同一個字，隸定為㫃[1]，其義待釋。由此可見，E2、E3、E6、E7 的上半部與 E4、E5 其實是同一個字，象聚衆之旃。E2、E3、E6、E7 都是再旃或再中的意思。

《左傳·成公十三年》曰："國之大事，在祀與戎。祀有執膰，戎有受脤。"複雜的建旗、再旗於中以聚衆的祀戎儀式是逐漸形成的。詳情有待研究，可能已難再現，但在歷史上多少留下了痕迹。

七　祭器"祖埶"

近幾十年來，兩周考古中發現了一類貴族夫人墓隨葬的青銅方座柱形器，約有十餘件，分布於湖北、浙江、安徽、山東、江西、河南等地。[2] 其中 1990 年河南淅川和尚嶺春秋晚期楚墓 M2 出土的青銅 HXHM2：66，發掘報告稱為"鎮墓獸座"，頂部有銘文一周八字——"曾中（仲）㐰（䓈）㞷腥之且（祖）埶"[3]，尤為學界所注目，討論熱烈。關於這件青銅器，已有鎮墓獸或鎮墓獸座、

---

[1] 劉釗等《新甲骨文編》（增訂本），福州：福建人民出版社，2014 年，第 397 頁。

[2] 劉蕾《楚式鎮墓獸鎮祖功能研究》，西北大學考古學碩士學位論文，2022 年，第 73 頁。

[3] 河南省文物考古研究所等《淅川和尚嶺與徐家嶺楚墓》，鄭州：大象出版社，2004 年，第 109 頁。

祖重^①、祖設^②、祖埶、祖執等多種説法。2014年馮時發表《祖埶考》一文，由其自銘“且執”出發，詳細解讀此類器物為古人至日測影之實用埶表，稱其名曰“祖埶”。^③現定名尚未統一，我們暫以“祖執”為名。祖執大多為漆木埶柱與青銅底座相配，出土祖執的木質埶柱均已朽，僅剩青銅底座。

　　幸有一座完整的全青銅小型祖執，1995 年出土於山東長清仙人臺邿國高級貴族女性墓 M4，屬春秋中期。原報告稱為銅鳥柱方座形器（M4：19），上有埶柱，下為盝頂方座。座高 9.6 厘米、邊長 15.8 厘米，埶柱高 38.4 厘米、直徑 1 厘米，通高 48 厘米。青銅埶柱頂端和中部各飾一鳥，出土時柱頂鳥頭朝南，柱中部鳥頭朝西。^④（參見圖 5–8）2002—2003 年間，湖北棗陽郭家廟春秋早期曾國墓地 GM17 出土的祖執，也比較重要。報告所稱的“銅器座”，編號為 GM17：16，高 22 厘米，中央插孔呈方形。另有原埶柱頂端的青銅鳥首圓筒（GM17：44），高 28 厘米。兩者之間上圓下方的木質埶柱已殘朽。^⑤學界的解釋見仁見智。

---

① 高崇文《楚“鎮墓獸”為“祖重”解》，《文物》2008 年第 9 期。
② 裘錫圭《再談古文獻以“埶”表“設”》，載《先秦兩漢古籍國際學術研討會論文集》，北京：社會科學文獻出版社，2011 年，第 3 頁。
③ 馮時《祖埶考》，《考古》2014 年第 8 期。
④ 山東大學歷史文化學院考古與博物館學系《山東濟南長清仙人臺周代墓地 M4 發掘簡報》，《文物》2019 年第 4 期。
⑤ 襄樊市考古隊、湖北省文物考古研究所、湖北孝襄高速公路考古隊《棗陽郭家廟曾國墓地》，北京：科學出版社，2005 年，第 268—269 頁。

圖5-8　春秋中期邾國青銅小型祖埶（M4：19）①

2022年何駑發表《祖埶與"德"字剩議》②一文，説明郭家廟GM17和長清仙人臺M4所出"祖埶"頂端都飾鳥首，為了測日影，"立表的桿頭不可能有任何裝飾。據此足以判斷郭家廟GM17與長清仙人臺M4的青銅'祖埶'，肯定不能用於實際至日晷影測量操作"。並以為"祖埶是個别的貴族夫人隨葬或使用的特殊器物"，"祖埶的原型源自十字路口上的方向標桿"。我們認為祖埶以兼具中正和上下通之義的埶表和盝頂方座為主體元素，只是隨葬的以器喻德、絶地天通之祭器；雖不是立表測影的實用器具，但源自立表測影。

八　先王"立司南"即先王"立中"

"立中"一詞首見於卜辭。《周髀》稱之為"立表"，《考工記》

---

① 山東大學歷史文化學院考古與博物館學系《山東濟南長清仙人臺周代墓地M4發掘簡報》。
② 何駑《祖埶與"德"字剩議》,《黄河·黄土·黄種人》2022年第14期。

稱之為“置槷”。周代“立表”“置槷”與“立朝夕”“立中”並稱。如《墨子·非命上》：“言必立儀。言而毋儀，譬猶運鈞之上而立朝夕者也。”《管子·七法》曰：“不明於則，而欲錯儀畫制，猶立朝夕於運均之上，搖竿而欲定其末。”《管子·法法》曰：“正也者，所以正定萬物之命也。是故聖人精德立中以生正，明正以治國。”

上海博物館藏戰國楚竹書《舉治王天下》之《文王訪之於尚父舉治》載：“文王曰：‘昔我得中。’”[1] 清華楚簡《保訓》曰：“厥有施於上下遠邇，廼易位執稽，測陰陽之物，咸順不擾。”[2] 馮時釋“執稽”為“槷稽”，認為此句講立中測影之事，[3] 可從。《廣雅·釋詁二》：“稽，問也。”《尚書·盤庚上》有“卜稽”之稱。《保訓》此“稽”兼有卜問和考稽之義，與卜辭“立中”之卜相通。

《韓非子·有度》曰：“夫人臣之侵其主也，如地形焉，即漸以往，使人主失端，東西易面而不自知。故先王立司南以端朝夕。”文中“司南”之義甚有爭議。古注釋為“指南車”，當代學者中也有持此說者，一般將此“司南”視為與王充《論衡》“司南”一樣的磁性司南，或釋為南針盤、官職、律法、法規等。皆不可從。《周禮》現存五官的小序都曰：“惟王建國，辨方正位，體國經野，設官分職，以為民極。”立表“辨方正位”是國之根本大

[1] 馬承源《上海博物館藏戰國楚竹書（九）》，上海：上海古籍出版社，2012年，第201頁。
[2] 清華大學出土文獻研究與保護中心《清華大學藏戰國竹簡（壹）》下冊，上海：中西書局，2010年，第143頁。
[3] 馮時《〈保訓〉故事與地中之變遷》，《考古學報》2015年第2期。

計。"立表"測影不但能定方向、定季節、定時刻、定方位遠近，還能定"地中"，上承"天命"。

《韓非子》"以端朝夕"典出《考工記·匠人建國》的"以正朝夕"。有了東西方向，南北方向隨之而定。楚簡《保訓》的出土，示意《韓非子》"東西易面"即"東西易位"，韓非的論述，可與《保訓》故事的"易位執稽"對讀。不失時機地"立中"卜稽，就不會"東西易面而不自知"，不給侵主的人臣以任何可乘之機，故先王"立中"以端朝夕。《鬼谷子·謀篇》曰鄭人取玉"必載司南"，此"司南"已被時代精英引申為"事之司南"。韓非為此群體之一員，他與時俱進，改稱先王"立中"為先王"立司南"。正如上文《管子》一樣，《韓非子》重申了這一帝王南面之術，也反襯《鬼谷子》"司南"發明於韓非之前。

第六章　引重致遠駕馬車

《考工記》曰："作車以行陸，作舟以行水。"《説文・舟部》曰："舟，船也。古者，共鼓、貨狄，刳木為舟，剡木為楫，以濟不通。"具有海洋文化特點的百越先民很早就發明了獨木舟、木排和竹排。20世紀70年代，浙江餘姚河姆渡遺址出土了六七千年前的木槳和小陶舟模型。2002年，杭州蕭山跨湖橋遺址出土了距今七八千年的獨木舟，殘長約560厘米，寬約52厘米。獨木舟前後兩端各有一支木槳，其中一支保存完整，長約140厘米。① 發展至東漢，《説文》舟部、方部收字18個，有舳艫、舸、艇、艅艎等各式大小船只。而《説文》車部收有102字，加上相關內容，不僅可以解經，而且反映了木車技術和車制文化的進步與發展。

一　古雙輪車之迹

《説文・車部》曰："車，輿輪之總名，夏后時奚仲所造。象形。凡車之屬皆从車。"《左傳・定公元年》曰："薛之皇祖奚仲

---

① 汪建平、聞人軍《中國科學技術史綱》(修訂版)，武漢：武漢大學出版社，2012年，第19頁。

居薛,以為夏車正。"《山海經·海內經》載有一種相似的傳說:
"帝俊生禺號,禺號生淫梁,淫梁生番禺,是始為舟。番禺生奚仲,
奚仲生吉光,吉光是始以木為車。"[1] 現有考古發現已表明夏車正
奚仲作車的傳說其來有自。

　　車的起源不等於馬車的起源,在有馬車之前,中國已有木
車。一些學者認為"車子的拉曳動力改進過程是由人而後牛而後
馬"。[2]《說文·車部》曰:"軌,車轍也。""轍,車迹也。"距今
4600 多年的河南淮陽平糧臺古城遺址,在南城門內早期道路路
面上,2019 年發現了車轍痕迹,最明顯的一條長 3.3 米。其中一
組平行車轍間距 0.8 米,研究者認為是雙輪車留下的車轍印迹,
經測定,絕對年代不晚於距今 4200 年。[3] 河南偃師二里頭遺址
2004 年的發掘中,在二里頭文化早期(距今約 3700 年)宮殿區
南側大路上,發現了兩道大體平行的車轍痕。車轍長 5 米多,兩
轍間距約為 1 米。20 世紀 90 年代二里頭遺址的西北部曾發現相
當於二里頭文化晚期的車轍痕,轍距為 1.2 米。時代稍晚的偃師
商城二里岡文化時期的車轍,轍距也為 1.2 米。1993 年,在洛陽
皂角樹發現的一塊二里頭三期(前 1610—前 1560)陶盆殘片(F4:
8)上,刻畫着一個符號,形狀為一個車軸,兩側分別有兩個大
輪子。(圖 6-1)袁廣闊認為這個符號"與滎陽西史村商代遺址

---

[1] 袁珂《山海經校注》,北京:北京聯合出版公司,2014 年,第 390 頁。

[2] 許進雄《中國古代社會:文字與人類學的透視》,北京:中國人民大
　　學出版社,2008 年,第 373 頁。

[3]《車駕裏的河南》,https://wwj.henan.gov.cn/2022/06-23/2473856.html,
　　2022-06-23。

陶文'車'字寫法一致，由於二里頭遺址發現了車轍，此符可能就是當時的'車'字"。[1] 由這些轍距 0.8—1.2 米的車轍和陶文"車"字，約略可見當時雙輪車的樣子和大小，説明至遲夏代已有雙輪車。轍距逐漸增大，意味着車體相應變大。但尚不能證明其為馬車，因為考古發掘的馬車實物以殷墟商代晚期馬車為早，其軌距一般為 2.2—2.4 米，兩者差距明顯。軌距窄小的雙輪車，可能以人力或小型畜力牽引。待到《易·繫辭下》所説的"服牛乘馬，引重致遠，以利天下"，木車大為進步，開始發揮更大的作用。

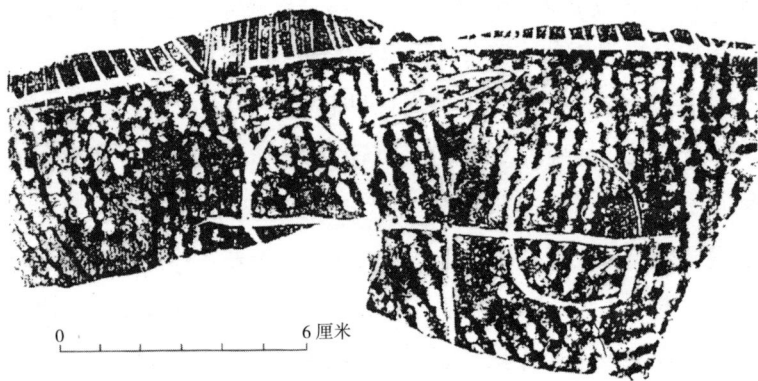

0 |———————| 6 厘米

圖 6-1　陶盆殘片（F4∶8）上的"車"字形契刻符號[2]

---

[1] 袁廣闊《觀迹定書：考古學視野下夏商文字的傳承與發展》，《光明日報》2021 年 5 月 12 日。

[2] 洛陽市文物工作隊編《洛陽皂角樹：1992~1993 年洛陽皂角樹二里頭文化聚落遺址發掘報告》，北京：科學出版社，2002 年，圖四九 -4。

二　相土與商人服象

《世本·作篇》曰："胲作服牛"，"相土作乘馬"。《史記·殷本紀》曰："契卒，子昭明立。昭明卒，子相土立。相土卒，子昌若立。昌若卒，子曹圉立。曹圉卒，子冥立。冥卒，子振立。振卒，子微立。……主癸卒，子天乙立，是為成湯。"相土，商湯十一世祖。"振"即王亥，商湯七世祖。王國維據歷史文獻、殷墟卜辭等史料詳瞻考證，指出王亥就是作服牛的胲。[①]

黃牛是本土起源、馴化、服勞，沒有爭議。除了食用祭祀，綜合利用皮骨筋，又可拉載任之車。《詩·小雅·大東》云："睆彼牽牛，不以服箱。"箱即車箱，服箱就是服牛駕車。迄今所知最早的考古實物發現，是 2023 年陝西清澗寨溝遺址瓦窯溝 M3 出土的一輛編號 12 的晚商雙轅車，形制"為平行的雙直轅，前端橫置一弓形軛，後連接橢圓形車輿，單軸貫穿兩輪。轅通長 4 米，輪徑約 1.8 米。車體木構末端多見青銅器飾件，轅、輪等部位髹漆，製作精美，裝飾講究"。[②]1976 年陝西鳳翔戰國初期秦墓出土的雙轅牛車陶質模型，時代與《考工記》相當。《考工記·車人》記載了三種牛車：大車、柏車和牝服。大車是平地載重之牛車；柏車是能行山路的牛車；牝服是適合於牝牛之車，比

---

① 王國維《觀堂集林》卷九，北京：中華書局，1959 年，第 415—417 頁。
② 陝西省考古研究院《"全國十大考古新發現"揭曉，我院清澗寨溝遺址項目入選》，https://web.shxkgy.cn/information/detail?id=718，2024-03-25。

大車略小，既可駕牡牛，也可用畜力稍次的牝牛。[①]

　　王國維又考證乘駕的創始者是殷墟卜辭中的相土："蓋夏初奚仲作車，或尚以人挽之。至相土作乘馬，王亥作服牛，而車之用益廣。"[②]此説屢見引用，未見質疑。然而相土是早於王亥四代的商人先公，無論何人"作乘馬"，都涉及中國家馬的起源問題。

　　一種意見認爲，中國養馬、馴馬和用馬的歷史可追溯至龍山文化時期，中國有一個獨立的家馬起源中心。另一種意見認爲，早在歷史時代開始以前數千年間，野馬在黄河中下游地區的生存空間已經非常有限了，家馬和馬車是從黑海和裏海之間的草原地帶輾轉傳入中國的。[③]考古發現表明：龍山晚期至夏代早期的陝西神木石峁遺址出土過家馬的馬齒；夏至早中商時期的甘肅永靖大何莊遺址曾發現家馬下顎骨和馬齒，内蒙古喀喇沁旗大山前遺址出土過家馬骨和馬齒。還有一些發現未經鑒定是野馬還是家馬遺存。趙越雲、樊志民梳理資料後總結爲："晚商以前，經過馴化的家馬開始被零星引入中國北方地區。但環境的制約和家馬利用方式的欠缺，使新石器時代晚期至晚商以前，先民與馬之間保持着一種相對鬆散的關係。"[④]

　　關於誰是始乘馬者，除《世本》外，還有三條史料：

---

① 聞人軍《〈考工記·車人〉"牝服"考釋》，《文獻語言學》2021 年第 13 輯。

② 王國維《觀堂集林》卷九，第 417 頁。

③ 陳星燦《也談家馬的起源及其他》，《中國文物報》1999 年 6 月 23 日。

④ 趙越雲、樊志民《中國北方地區的家馬引入與本土化歷程》，《歷史研究》2017 年第 6 期。

其一："奚仲作車，乘杜作乘馬，而造父精於御。"（《荀子·解蔽》）唐代楊倞《荀子注》："《世本》云'相土作乘馬'，杜與土同。乘馬，四馬駕車，起於相土，故曰'作乘馬'。以其作乘馬之法，故謂之。乘，並音剩。相土，契孫也。"

其二："春祭馬祖（注：天駟也）……夏祭先牧（注：始養馬者，其人未聞）……秋祭馬社（注：始乘馬者。《世本·作》曰：相土作乘馬）……冬祭馬步（注：神，為災害馬者）。"（《周禮·夏官·校人》）孫詒讓《周禮正義》卷六十二曰："牧地及十二閑之中，蓋皆為置社，以祭后土，而以始制乘馬之人配食焉，謂之馬社也。"

其三："大橈作甲子，黔如作虜首……乘雅作駕，寒哀作御，王冰作服牛……巫咸作筮。此二十官者，聖人之所以治天下也。"（《呂氏春秋·勿躬》）王國維已指出篆文"冰"與"亥"相似，王冰是王亥之訛。《呂氏春秋·勿躬》提到的二十個發明者，大多與輯本《世本》相同或文字通假，但有些與《世本》不同，當是異說。"乘雅作駕"，注："雅，一作持。"王國維考證：相土或單名土，又假作杜。"杜"聲近"持"，故又作持。以其作乘馬，故又稱之為乘杜。[1] 此說似可議。

此外，《尚書·甘誓》曰："大戰于甘，乃召六卿……左不攻于左，汝不恭命；右不攻于右，汝不恭命；御非其馬之正，汝不恭命。"[2]《集解》引鄭玄曰："左，車左。右，車右。"有些學者引

---

[1] 王國維《觀堂集林》卷九，第 414 頁。
[2] 屈萬里《尚書今注今譯》，北京：新世界出版社，2011 年，第 36—37 頁。

用為車戰的史料。但劉起釪認為《甘誓》只是"半真"的古文獻，李民説得更明白："《甘誓》是一篇從夏代流傳下來的，並經後人修飾、改定的古代文獻。"[1] 1969 年屈萬里的《尚書今注今譯》亦指出："本篇當著成於戰國之世。"[2] 筆者認為《甘誓》中説的本是步戰。正，中也。夏啓御衆（即統率治下的主力）位居中央，其召集的諸部落，排陣在左右兩旁。誓辭命令左、中、右三軍都要"用命"，左攻左，右攻右，中攻中。如果不是受武王克商之戰的影響，周人改易了個別文字，在此推測另一種可能：《説文·土部》曰"坐，塵也"，古代馬、坐聲韻皆同，以馬代坐之例見《莊子·逍遥遊》，"野馬"即"塵埃"。釋《甘誓》之"馬"為塵土飛揚中的敵軍主力，則文義可通。

《史記·殷本紀》索隱説："相土佐夏，功著於商。"指的是相土助"少康中興"。少康大約生活於公元前 1900 年之前，相土是殷人很早的先公。且不説夏初至相土有無家馬可用，如果他們已以馬駕車，為何已知的夏代到商初的車轍都那麼窄小？始乘馬者是相土之説可能不實。按孫詒讓的説法，置社以祭后土，以始制乘馬之人配食，遂有馬社、乘杜、乘雅之稱。故今本《世本》所載不確。《詩·商頌·長發》云："相土烈烈，海外有截。"使相土聲名顯赫、威震邊遠地區的不是乘馬，而是另外的業績。

河南省簡稱"豫"。《説文·象部》曰："豫，象之大者。賈

① 李民《〈尚書〉與古史研究》（增訂本），鄭州：中州書畫社，1983 年，劉起釪序、第 67 頁。
② 屈萬里《尚書今注今譯》，第 36 頁。

侍中説：不害於物。从象予聲。”河南野生大象早已絕迹，但“象”卻永遠地留在了商人發祥地的歷史記憶之中。《説文·爪部》曰：“為，母猴也。其為禽好爪。爪，母猴象也。下腹為母猴形。王育曰：‘爪，象形也。’”此“母猴”即“沐猴”，乃同義連文，其義為猴。[①] 羅振玉《殷墟書契考釋》指出：“‘為’字古金文及石鼓文並作，从爪从象，絕不見母猴之狀。卜辭作手牽象形，知金文及石鼓从者乃之變形，非訓覆手之爪字也。”[②] 羅説已獲學界肯定。羅振玉認為：“象為南越大獸，此後世事，古代則黄河南北亦有之。‘為’字，从手牽象，則象為尋常服御之物。今殷墟遺物，有鏤象牙禮器，又有象齒甚多。卜用之骨，有絕大者，殆亦象骨。又卜辭卜田獵有‘獲象’之語，知古者中原有象，至殷世尚盛也。王氏國維曰：‘《呂氏春秋·古樂》篇：商人服象，為虐於東夷。周公乃以師逐之，至於江南。’此殷代有象之確證矣。”[③] 羅氏又指出：“意古者役象以助勞，其事或尚在服牛乘馬以前。”[④]1930 年，徐中舒繼而作《殷人服象及象之南遷》，旁徵博引，進一步説明商代華北地區的確曾有野象。商民族由東西漸，商人服象可上溯至虞舜時，下至殷末周初。[⑤] 後劉敦願補充其説，認

① 張永言《語文學論集》(增訂本)，上海：復旦大學出版社，2015 年，第 235—236 頁。

② 羅振玉《增訂殷虛書契考釋》卷中，東方學會，1927 年，第 60b 頁。

③ 同上書，第 30b 頁。

④ 同上書，第 60b 頁。

⑤ 徐中舒《殷人服象及象之南遷》，載《中央研究院歷史語言研究所集刊》第二本第一分，1930 年，第 60—75 頁。

為有虞氏是中國古代的馴象之族。[①]

1976 年殷墟婦好墓曾出土一對玉象（M5：510，511）。近年黄銘崇在《商人服象——事實與想像》一文中，補充了學界發現象坑的考古資料，説明當時確有馴養象的事實。[②]陳夢家的《商代的神話與巫術》指出，"野象的性，本强頑大力，故欲馴服之，非經過種種困難"不可。[③]相土或在"商人服象"史上頗有作為，因而威名遠震。不過這種推測還有待驗證。

三 《説文》説車

《考工記》曰："周人上輿，故一器而工聚焉者，車為多。"《説文》車部共 102 字，説解車制，簡明扼要。更由於《説文》不同部首之間的有機關聯，與車有關的内容不僅在車部。可以説，它是繼《考工記》車制之後論古車輿名物和車制文化的又一經典。

在車的總名之後，《説文·車部》大體上按馬車名、部件名、車事、大車等車、附於車者等編排。馬車名計有：

軒，曲輈藩車。从車干聲。

輜，輜軿，衣車也。軿，車前衣也。車後為輜。从車甾

---

① 劉敦願《山東寧陽堡頭大汶口墓地和有虞氏關係問題的探索》，載《劉敦願文集》，第 449—450 頁。

② 黄銘崇《商人服象——事實與想像》，https://www.thenewslens.com/article/79379/fullpage，2017-09-28。

③ 陳夢家《商代的神話與巫術》，《燕京學報》1936 年第 20 期。

聲。（从段改）

　　軿，輜軿也。从車并聲。（从段改）

　　輼，臥車也。从車昷聲。

　　輬，臥車也。从車京聲。

　　軺，小車也。从車召聲。

　　輕，輕車也。从車巠聲。

　　輶，輕車也。从車酋聲。《詩》曰："輶車鑾鑣。"

　　輣，兵車也。从車朋聲。

　　軘，兵車也。从車屯聲。

　　𨊥，陷陣車也。从車童聲。

　　轈，兵高車加巢以望敵也。从車巢聲。《春秋傳》曰："楚子登轈車。"

　　當然，這些僅是古代形形色色的馬車的代表。《說文》還記載了幾種不同的馬車，如："𨎌，大車駕馬也。从車共聲。"揚雄《長楊賦》云：漢軍"碎轒輼，破穹廬，腦沙幕，髓餘吾"。《玉篇》："轒輼，兵車也。"《說文》也載："轒，淮陽名車。穹隆為轒，从車賁聲。"（从《句讀》）段玉裁注："淮陽，漢國，有縣九。今開封府陳州以南是其地。"段注以為"車穹隆，即車蓋弓也"，王筠則認為"攻城之車高，故得此名"。王筠之說較佳。許慎將轒輼與其他大車放在一起，諒它是既高且大的兵車，狀似穹廬，故得此名。《說文·金部》收了一種叫"鈀"的兵車，曰："鈀，兵車也。一曰鐵也。《司馬法》：'晨夜內鈀車。'从金巴聲。""晨夜內鈀車"是《司馬法》的佚文。王引之《經義述聞》曰："《地官·鼓人》

注引《司馬法》曰：'夜半三通為晨戒'……則所謂晨者，正在夜半以後，旦明以前，非謂日出時也。"[1]《玉篇》："釾，候車也。"釾車，白天使用，黑夜入庫，故稱候車。朱駿聲《説文通訓定聲》釋釾："兵車，或施鐵固之，取其堅緻。"釾可能有利刃，也可能"裝甲"，細節不詳。

許慎以"五經無雙許叔重"名世，熟悉經典，對車的結構有仔細的觀察甚至研究，因此《説文》對車的各種部件名稱有詳細介紹。如今本《考工記・輪人》刊為："望其轂，欲其眼也。"《説文・車部》引《周禮》並解釋："輄，轂齊等皃。《周禮》曰：'望其轂，欲其輄。'"戴震《考工記圖》確認《周禮》原文當以《説文》所引為準，是"欲其輄"。《説文・金部》曰："釭，車轂中鐵也。"1975 年河南鎮平出土漢代窖藏鐵範和鐵器，其中四件"王氏"作坊所産鐵釭上有"真倱中"或"工作真倱中"廣告式銘文。[2]孫機指出："倱即《輪人》'望其轂，欲其輄'之輄。此銘係稱述其内壁的勻整和光潔。"[3]"工"是"釭"的通假，"倱"是"輄"的通假，也就是《説文》的"轂齊等皃"。《説文》載有漢代潤滑車轂的專用工具——膏車鐵鈷。《説文・金部》曰："鉔，鈷也。""鈷，鐵鉔也。从金占聲。一曰膏車鐵鈷。"段玉裁注："膏

---

[1] 王引之《太歲考》卷下"論歲星晨出東方之月"條注，載《經義述聞》卷三十，北京大學圖書館藏本，第 4b 頁。

[2] 河南省文物研究所等《河南鎮平出土的漢代窖藏鐵範和鐵器》，《考古》1982 年第 3 期。

[3] 孫機《漢代物質文化資料圖説》，北京：文物出版社，1991 年，第 102 頁。

車鐵鉆，謂脂其車轂者。以器納輻濡膏而染轂中也。其器曰鉆。鐵為之。"又如，《考工記·輪人為輪》曰："凡揉牙，外不廉而內不挫，旁不腫，謂之用火之善。"《説文·火部》："煣，屈申木也。""爊，火煣車網絶也，从火兼聲。《周禮》曰：'煣牙外不爊。'"由此可知"廉"本作"爊"，指揉輪牙時牙的外側因拉伸而傷材斷裂。再如，《論語·為政》比喻"人而無信，不知其可也"曰："大車無輗，小車無軏，其何以行之哉？"大車，指牛車。小車，指馬車。《説文·車部》解説馬車時説："軏，車轅耑持衡者，从車元聲。"解説牛車時説："輗，大車轅耑持衡者，从車兒聲。"相當簡潔。鄭玄《論語》注曰："軏，穿轅端著之；輗，因轅端著之。""穿"意謂貫穿，學界歷來無異議。"因"的解釋，自清儒至今，諸説分歧。現訓詁材料與考古文物之間尚難對應，或許輗軏的具體形制和用法不止一種可能（如插銷或綁固），其確認有待更多出土實物及其研究。[1]許慎的"持衡"説能涵蓋各種緊固方式，是《説文》體例框架内精心斟酌的妙筆之一。

　　《説文·車部》曰："車，輿輪之總名。"車最核心的部件是輿與輪。又曰："輿。車輿也。从車舁聲。""輿"的甲骨文作𦥑。羅振玉解説："《考工記》'輿人為車'，此象衆手造車之形。軾、較、軫、軹、轛皆輿事而獨象輪者，車之所以載者在輪。且可象，它皆不可象。舉輪，則造車之事可概見矣。"[2]除了羅振玉

---

① 參見汪維輝、趙川瑩《輗、軏、輈、衡、楅考辨》，《文史》2024 年第 1 輯。

② 羅振玉《增訂殷虛書契考釋》卷中，第 47a 頁。

的造車説，較有影響的還有馬敍倫的車箱説、李孝定的衆手舉輿説等。①谷衍奎《漢字源流字典》視"輿"爲"會意兼形聲字。……本義應爲擡、扛"。現多説並存。造車爲"輿"之本義似較佳。

車輿的部件遠不止羅振玉提到的軾、較、軫、軹、轛，《説文》常引《周禮》等加以説明。如："軓，車軾前也。从車凡聲。《周禮》曰：'立當前軓。'"汪少華指出："車軾前"是軓的特指義，車箱底部的前、左、右三面之材皆可稱軓。②《説文·車部》曰："轐，車伏兔也。从車菐聲。《周禮》曰：'加軫與轐焉。'"伏兔又稱當兔，是墊在輈與軸垂直相交處的木塊，上、下兩面呈内凹弧形，以便承輈與含軸。《説文·車部》曰："軾，車前也。从車式聲。"軾通式。江永《周禮疑義舉要》認爲，式木不止橫在車前，有曲面在兩旁，通謂之式。《説文·車部》曰："轛，車橫軨也。从車對聲。《周禮》曰：'參分軹圍，去一以爲轛圍。'""軨，車轖間橫木，从車令聲。軨或从霝，司馬相如説。""轖，車籍交錯也。从車嗇聲。"名目繁多，連起來看，轛是車軾下面橫直交結的欄木。

《説文·車部》曰："輪，有輻曰輪，無輻曰輇。从車侖聲。"起初車輪無輻，輻條的發明使車輪的機械性能大大提高。《考工記·輪人》曰："視其綆，欲其蚤之正也。"鄭司農注："綆讀爲關

① 李圃《古文字詁林》第十册，上海：上海教育出版社，1999 年，第709—710 頁。
② 汪少華《〈考工記〉名物匯證》，上海：上海教育出版社，2019 年，第 140 頁。

東言餅之餅，謂輪箄也。"《説文・竹部》："箄，籠箄也。"段玉裁注："箄謂偏僻。"箄出就是偏出。輪箄是中國發明的特殊車輪設計。輻條兩端是偏榫，各輻裝好後均向轂偏斜，從外側看呈中凹形（參見圖6-2），這樣的設計使車輪不易外脱，車子不易翻倒，進一步改善了車輪的機械性能。[1]

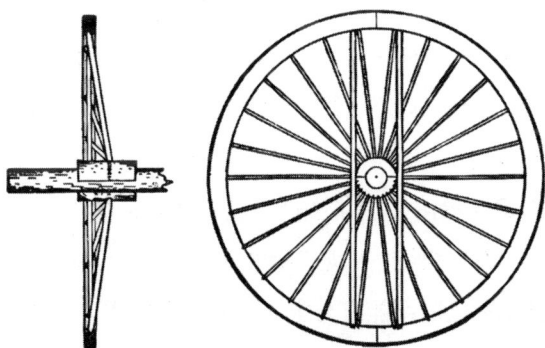

圖6-2　河南輝縣琉璃閣131號車馬坑16號車的車輪[2]（左為輪箄，右為夾輔）

然而木車用久，輪牙鬆，輻條敝，輪轂損，穩定性變差，任重力減弱。古人為了解決這個問題，事先或用後另取兩根準直徑長桿，固定於輪子之旁，形成夾輔。（參見圖6-2）如《詩・小雅・正月》云："終其永懷，又窘陰雨。其車既載，乃棄爾輔。……無棄爾輔，員於爾輻。"此"車"是牛車，"輔"即夾輔。又《左傳・僖公五年》曰："輔車相依，唇亡齒寒。"《考工記》沒有提

① 聞人軍《考工記譯注》（修訂本），上海：上海古籍出版社，2021年，第19頁。

② 聞人軍《考工司南》，第170頁。

到"輔",《説文》中當然有,但許慎時已有歧見。大徐本《説文·車部》曰:"輔,人頰車也。从車甫聲。"已誤刪錯亂。《説文繫傳·車部》曰:"輔,《春秋傳》曰'輔車相依',从車甫聲。人頰車也。"王引之《經義述聞》卷十七《輔車相依》認為當從小徐本,不過"人頰車也"之前佚失"一曰"二字;又引《詩·小雅·正月》和《吕氏春秋·權勛》,考證"輔車相依"之車"為載物之車而非牙車"。此後關於"輔車相依"解釋的爭議未息。自20世紀50年代河南輝縣琉璃閣車馬坑發現夾輔實物起,湖北宜城、山東淄博市臨淄區淄河店、山西臨猗等東周墓地車馬坑中,也出土過一些夾輔。2016年山東淄博市臨淄區諸家墓地兩座戰國早期墓葬又出土了不少夾輔。[①] 現夾輔之義已明。中國夾輔與歐式横輻車輪的輔助輪輻之間可能有交集,詳見相應拙作[②],此處從略。

四　由轅到輈

輈是馬車特有的重要部件。《考工記》總敘列舉了三十工,其中無"輈人"職。分述時出現"輈人為輈"章,"輈人"之得名似較"輪人""輿人"為晚。《説文·㪔部》:"爰,引也。从㪔从于。籀文以為車轅字。"引,援引。轅是雙輪車前所以駕畜引車者,得名早於輈。輈的來源值得一探。

---

① 山東省文物考古研究院等《山東省淄博市臨淄區諸家墓地兩座戰國墓葬的發掘》,《考古》2019 年第 9 期。
② 聞人軍《考工司南》,第 176—179 頁。

《説文·車部》曰："軒，曲輈藩車。从車干聲。"段玉裁注："謂曲輈而有藩蔽之車也。曲輈者，戴先生曰：'小車謂之輈，大車謂之輈。人所乘，欲其安，故小車暢轂梁輈。大車任載而已，故短轂直轅。'《艸部》曰：'藩者，屏也。'……許於藩車上必云曲輈者，以輈穹曲而上，而後得言軒。凡軒舉之義引申於此。曲輈，所謂軒轅也。"意即：輈，曲轅，軒舉之轅。輈的得名似晚於轅。

《説文·車部》曰："輈，轅也。从車舟聲。"《舟部》曰："服，用也。一曰車右騑，所以舟旋。从舟𠬝聲。舩，古文服从人。"段玉裁注："舟當作周。馬之周旋如舟之旋。故其字从舟。"有學者認為："輈與舟、周同源，古音同為幽韻匣紐。輈因其能控制車的轉動方向而得名。"[1] 上古音的分類諸家有別，輈與舟、周的古音未必同為幽韻匣紐，但相近。此見可備一説。有些學者認為，在亞洲，家馬、馬車和古印歐語是一起傳播的。萊登大學的亞歷山大·盧博茨基（Alexander Lubotsky）研究古漢語與古印歐語，發現"輈"的古漢語（*trju/*tru）與古印歐語 *dhur（Ⅲ）- 同音，他認為古漢語輈是外來語。[2] 此亦可備一説。

《考工記》曰："胡無弓車……胡之無弓車也，非無弓車也，

---

[1] 王寧《〈説文解字〉與中國古代文化》，瀋陽：遼寧人民出版社，2000年，第 177—178 頁。

[2] Lubotsky A. *Tocharian loan words in old Chinese: chariots, chariot gear, and town building*, Victor H. Mair (ed.), The bronze age and early iron age peoples of eastern Central Asia. Washington D. C.: Institute for the Study of Man in Collaboration with University of Pennsylvania Museum Publications, 1998, pp. 379–390.

夫人而能為弓車也。"胡指北方或西北地區善於騎射駕車的遊牧部落。不知他們何時開始掌握馬車技術，惟知傳自歐亞草原，曾對商人造成威脅。1985 年，夏含夷提出："馬車在公元前 1200 年前後從西北傳進中國，殆無疑問。"[1] 前揭在商代早期，偃師商城的雙輪車還不是馬車，其時尚無曲輈。1976 年安陽殷墟婦好墓出土的眾多玉器飾件中，有一對玉馬（M5：362，M5：370），形制大體相同，均長 6.3 厘米。[2] 商人與馬之間的關係今非昔比。始作乘馬者不晚於武丁時期。

圖 6-3　安陽殷墟婦好墓出土的商代玉馬[3]（左，M5：362；右，M5：370）

　　武丁時期甲骨文已有"馬"字和"車"字，甚至有時出現在同一片甲骨上。如🐎（《合集》11450，師賓間）、🐎（（《合集》11446，典賓）、🐎和🐎（（《合集》584 正，賓組）、🐎（《合集》

① 夏含夷《中國馬車的起源及其歷史意義》，載《古史異觀》，上海：上海古籍出版社，2005 年，第 99—100 頁。
② 中國社會科學院考古研究所《殷墟婦好墓》，北京：文物出版社，1980 年，第 162 頁。
③ 中國社會科學院考古研究所《殷墟玉器》，北京：文物出版社，1982 年，圖 94。

10405，典賓 B）和 ![字形] （《合集》11406，典賓 B），這五片都
有“車”和“馬”，前三片還刻畫了獨輈，説明至遲武丁時已有
獨輈馬車。其中第一片字數太少，意義不明；後四片都與狩獵有
關。第三片上“車”字兩見，其卜辭曰：“丁卯，王狩 ![字形] 車……
在車， ![字形] 馬亦……”同片另一段卜辭還提到“![字形]方征于我奠……”
等。![字形]方是商朝西北的强鄰，其侵擾商境，因此此戰不排除動用
戰車的可能性。可能因起初製車輈技術尚未過關，如前三例，獨
輈易斷裂。考古發現的最早的馬車實物也是殷墟出土的，至今已
出土上百輛，均為一輈兩馬（四馬僅一例，且有爭議）。

　　輈的形狀隨古車復原技術的進步逐漸明朗，大致分為兩類：
甲類近輿底的軌部平直，向前呈直轅狀延伸，直到近車衡處才向
上彎曲，以便固定於較高的車衡。例見河南安陽梅園莊東南編號
“95 鐵西城建 M40”車馬坑等出土之車（圖 6-4）。可能脱胎於
雙輪車的直轅。《考工記·輈人》曰：“弧深則折。”早期斷裂的
輈恐怕大多是這種類型。

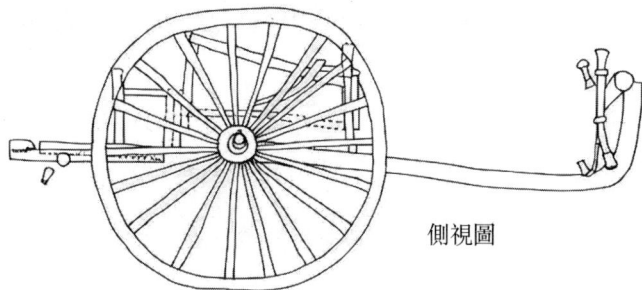

側視圖

圖 6-4　甲類輈形，河南安陽梅園莊東南 95 鐵西城建 M40 車馬坑出土 [1]

---

[1]　劉永華《中國古代車輿馬具》，上海：上海辭書出版社，2002 年，第 12 頁。

　　乙類輈的軹部平直，向前伸展時漸往上翹，最後固定於車衡。例見河南安陽小屯 M40、M20 車馬坑等出土之車（圖 6-5）。後世所承襲和發展、由《考工記》所記載的就是乙類輈形，如山東臨淄淄河店出土的戰國早期馬車的曲輈（圖 6-6）。

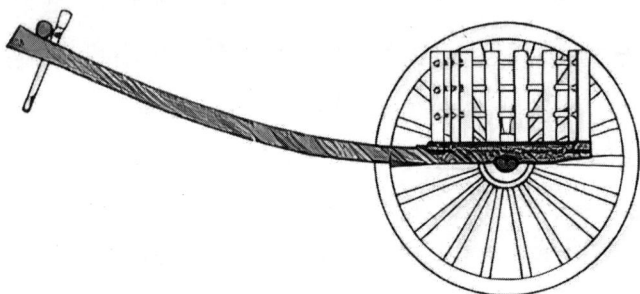

圖 6-5　乙類輈形，殷墟小屯 40 號車馬坑出土 [1]

圖 6-6　山東臨淄淄河店 20 號車 [2]

[1]　孫機《中國古代物質文化》，北京：中華書局，2014 年，第 176 頁。

[2]　山東省文物考古研究所《山東淄博市臨淄區淄河店二號戰國墓》，《考古》2000 年第 10 期。

圖 6-7　高加索亞美尼亞魯查申村出土馬車

　　這種形式的曲輈，在歐亞草原的馬車上早已流行。如1957 年在高加索亞美尼亞魯查申村（Lchashen）出土的公元前 16—15 世紀的隨葬馬車（圖 6-7）[1]，出土時木質輈已朽盡，據同一遺址出土的幾輛小型銅馬車模型的上翹之輈[2]，木輈當上翹。迄今考古發現的世界上最早的雙輪馬車屬於公元前兩千年的辛塔什塔（Sintashta）文化，1972 年在俄羅斯烏拉山（Urals）東南麓辛塔什塔遺址出土，用的是有輻條之輪。錢大昕《潛研堂答問·音韻》說："聲音在文字之先，而文字者必假聲音以成。"如果說，古人在已知乙類"輈"的發音的情況下，要創用一個漢字來記錄它，"輈"當然是不二之選，音義兼顧，相當高明。

　　中國馬車無論在開發中受到外來因素的多大影響，其後來居上有目共睹。青銅時代，馬車製造和繫駕技術不斷改進，千百乘

---

[1] Stuart Piggott: *Chariots in the Caucasus and in China, Antiquity*, Volume 48, Issue 189, 1974, pp. 16–24.

[2] 夏含夷《古史異觀》，第 109 頁。

馬車馳騁疆場，彪炳史册。後來，鋼鐵兵器的出現和强弩的普及對戰車構成了致命的威脅，馬拉戰車終於告別歷史舞台，而馬車依然引重致遠，造福後世。

第七章　水浮瓢針司南酌

　　東西方各自早早發現磁石能吸鐵，初識磁性，各展所長。為何中國司南先聲奪人，中國古代指南針技術長時期遙遙領先？一種流行的觀點是："中國人不但發現磁石的吸鐵性，還發現其指極性，並依此特性製成指示方向的裝置，名曰司南。"[①] 迄今沒有證據顯示北宋以前已發現磁石的指極性。然而，先秦中國在世界上率先發明鋼針，戰國時期由磁石取針的觀察和實踐活動，從不自覺到自覺地獲得磁針，由此開闢了一條磁針司南之路。人們通過磁石引針、好磁石懸吸針、以磁石磨針鋒的技術革新，不斷改善水浮瓢針司南酌的性能，進而演化為針碗浮針和盤針，為人類文明的進步作出了重要貢獻。

一　先秦磁石

　　20世紀40年代，王振鐸的名篇《司南指南針與羅經盤》開宗明義說："許慎《說文解字》無磁字。秦漢典籍，慈多訓磁。……據慈礠磁三字之先後出現次序觀之，慈為原文，礠

---

① 潘吉星《中外科學技術交流史論》，北京：中國社會科學出版社，2012年，第116頁。

· 149 ·

為繁體，磁又為礠之省書，蓋後起字也。"[1] 文中之"慈"實指
"慈石"。

《說文·心部》曰："慈，愛也。从心茲聲。"甲骨文無"慈"
字。出土戰國文字資料中已屢見"慈"字，如：1993 年出土於湖
北荊門郭店 1 號墓，抄寫於戰國中期以前的郭店《老子》簡書甲
本曰："民復孝慈。"其"慈"字為⿱茲心。[2] 又如：1978 年出土於河北
平山中山王墓，大約公元前 314 年的中山王䜣方壺銘文曰："慈
孝宣惠。"其"慈"字為⿱茲心。[3]

《說文》中有與"慈"相關而字形相近的兩個字，茲和兹，
糾纏已久。《說文·艸部》曰："茲，艸木多益，从艸，茲省聲。"
《左傳》："今茲魯多大喪，明年齊有亂。"陸宗達《說文解字通論》
說："今茲與明年相對，茲就是年。""草木每歲蕃殖一次，於是
初民據以造茲字；農業發展以後，才有'年''稔'。"[4]《說文·玄
部》曰："兹，黑也，从二玄。《春秋傳》曰：'何故使吾水兹。'"
陳劍的《上博竹書〈周易〉異文選釋（六則）》指出："石鼓文車
工石'丝'字作⿰玄玄，上加飾筆，秦漢文字的'兹'字多由此類形
發展而來。""古文字學者一般認為《說文》'兹'與'茲'本即
一字，皆由古文字中'丝'字上端添加飾筆之形演變而來，《說

---

① 王振鐸《科技考古論叢》，北京：文物出版社，1989 年，第 50 頁。

② 滕壬生《楚系簡帛文字編》（增訂本），武漢：湖北教育出版社，
2008 年，郭店老甲 31。

③ 中國社會科學院考古研究所《殷周金文集成》，北京：中華書局，
1984—1994 年，集成 9735。

④ 陸宗達《說文解字通論》，第 119 頁。

文》的區分本就不甚可靠。"① 由此推論，因慈愛發乎於心，所以金文和簡帛文"慈"的形符都是"心"。"慈"的聲符本是"兹"，不是"兹"，實為"慈，愛也。从心兹聲"。

如今所見"慈"字的小篆分化為幾種飾筆不同的異形：繫傳本和王筠《句讀》作𢎞，大徐本、桂馥《義證》作𢎞，段玉裁注、朱駿聲《說文通訓定聲》作𢎞。但不同飾筆與"慈"本來的字音字義無關，也不影響往"慈石"的引申。

宋唐慎微《證類本草》卷四引蘇頌《本草圖經》，描述慈州優質磁石"其上有細毛"。《說文・幺部》曰："幺，小也。象子初生之形。""兹，微也。"段玉裁注："二幺者，幺之甚也。"古人早就發現，有的鐵礦石能吸附微小之物（如鐵礦屑），與慈母愛子、恩被於物相類似，故稱之為"慈石"。

現存最早提到"慈石"的先秦文獻是《管子・地數》。一曰黃帝問，伯高對曰："上有慈石者，下有銅金。上有陵石者，下有鉛、錫、赤銅。上有赭者，下有鐵。此山之見榮者也。"一曰桓公問，管子對曰："上有慈石者，其下有銅金。此山之見榮者也。"② 這兩段話其實同出一源。《管子》的內容不全是管仲本人所言。黃帝時代先民尚未冶鐵，"黃帝問於伯高"是托古之言。文中之鐵，指的是鐵礦石，而慈石是具有顯著天然剩餘磁性的鐵礦石。只有發現了慈石吸引鐵的特性，古人才會把慈石從鐵礦石中獨立出來，賦予其"慈石"之名。如《山海經・北山經》曰："灌

① 陳劍《上博竹書〈周易〉異文選釋（六則）》，《文史》2006年第4期。
② 管仲《管子》卷二十三，明萬曆四十八年（1620）刊本，第1b—2b頁。

題之山，……匠韓之水出焉，而西流注於泑澤，其中多磁石。"[1]
《呂氏春秋·精通》曰："慈石召鐵，或引之也。"[2]

《鬼谷子·反應》曰："其察言也不失，若磁石之取鍼，如舌之取燔骨，其與人也微，其見情也疾。"[3] 故《集韻·平聲·之韻》曰："礠，石名，可以引鍼，或省。"《鬼谷子》曾長期被疑為偽書，現學術界已確認為先秦古籍。鬼谷子的活動年代在公元前 4 世紀，或以為大約在公元前 390 年至前 320 年之間。[4] 今本《鬼谷子》前六篇（包括《反應》）為鬼谷子本人所作，其次五篇（包括《謀篇》)的作者是縱橫家或鬼谷子弟子。[5] "磁石引鍼"的發現，乃是原始指南針問世的先聲。

2022 年蔡偉的《〈鬼谷子〉校字二則》以為："《鬼谷子》此文有韻，故'鍼'當為'鐵'之誤字。此文以失、鍼（鐵）、骨、疾為韻。與《素問》'冬日在骨，蟄蟲周密，君子居室'押韻相類，都是以質物合韻。"[6] 不過這種推測沒有任何版本依據。在鬼谷子時代，押腳韻不是必須遵循的規則，押韻的句子，並無一定。如《鬼谷子·捭闔》曰："或陰或陽，或柔或剛，或開或閉，或弛或張。"僅"陽""剛""張"押陽韻，"閉"不押韻。就《反應》篇此句而言，若說"此文以失、

---

① 佚名《山海經》卷三，四部叢刊初編本，第 3b—4a 頁。
② 呂不韋《呂氏春秋》卷九，四部叢刊初編本，第 9b 頁。
③ 許富宏《鬼谷子集校集注》，北京：中華書局，2008 年，第 39 頁。
④ 許富宏譯注《鬼谷子》，北京：中華書局，2012 年，前言。
⑤ 許富宏《鬼谷子集校集注》，北京：中華書局，2010 年，前言。
⑥ 蔡偉《古文獻叢札》，新北：花木蘭文化出版社，2022 年，第 350—352 頁。

鍼（鐵）、骨、疾為韻”，則“微”字仍未押韻。以押韻為由改“鍼”為“鐵”的理據不足。蔡著還以為“古書中多見‘磁石’與‘鍼’相呼應者，其中‘鍼’字即‘鐵’之誤字”，並以《論衡·亂龍》和《抱朴子》的“掇針取芥”“磁石引針”為例説明。然而，古文獻中“鍼”“鐵”互譌，各有例子，但“掇針取芥”不可能為“掇鐵取芥”，這是顯而易見的。由下文可知，古文獻中大量“磁石引針”的記載源流分明，《鬼谷子》“磁石之取鍼”無誤，不必校改。

二　中國鋼針

《説文·竹部》曰：“箴，綴衣箴也，从竹咸聲。”段玉裁注：“若用以縫，則从金之鍼也……古箴、鍼通用。”箴、鍼皆侵部照紐，雙聲疊韻。唐慧琳《一切經音義》卷六十四曰：“鍼，俗作針。”

古人認為針物微而用至重。荀子曾作賦詠箴：“有物於此，生於山阜（注：山阜，鐵所生也），處於室堂。無知無巧，善治衣裳。不盜不竊，穿窬而行。日夜合離，以成文章。以能合從，又善連衡。”[1] 華覺明、王斌等當代學者一再贊美：“針雖小而百工齊備於一物。”[2] “看似簡單的針，其實製造工藝並不簡單，它曾凝聚了大量而艱辛的人類勞動。”[3] 鋼針是中國古代又一重要的科技發明。

---

[1] 王先謙《荀子集解》卷十八，北京大學圖書館藏本，第 16a 頁。

[2] 華覺明《中國古代金屬技術——銅和鐵造就的文明》，鄭州：大象出版社，1999 年，第 437 頁。

[3] 王斌《中國傳統製針興衰初探——兼及社會背景考察》，《中國科技史雜志》2011 年第 1 期。

　　2009 年，甘肅省臨潭縣磨溝寺窪文化墓葬出土了鐵條和鐵銹塊各 1 件，經檢測鐵條為塊煉滲碳鋼鍛打而成，墓葬年代為公元前 14 世紀左右的商代中期。[①] 這既是迄今所知中國冶鐵史的開端，也可視為鋼的嚆矢。春秋末期到戰國初期是中國冶鐵史上的一個重要發展階段，不僅發明了生鐵冶鑄和生鐵柔化技術，而且塊煉滲碳鋼和淬火技術的日益進步，使鋼的質量獲得提升。鋼針雖小，卻頗受重視。1956 年山西侯馬東周時代燒陶窯址曾出土過鐵針。[②]《左傳·成公二年》曰："楚侵及陽橋，孟孫請往賂之，以執斲、執鍼、織紝皆百人，公衡為質。"[③] 此 "鍼" 的材質不是青銅，而是鋼鐵，當時產量已有一定規模。至《管子·輕重乙》曰："一女必有一刀一錐，一箴一鈦，然後為女。"[④] "箴" 即 "鍼"。《説文·金部》曰："鈦，綦鍼也，从金术聲。"段玉裁注："綦疑當作長。《管子》：'一女必有一刀一錐，一箴一鈦。'房注：'鈦，時橘切，長鍼也。'《玉篇》亦曰長鍼。"長短鋼針已進入尋常百姓家，得到普遍使用。1987 年，湖北荊門包山 2 號楚墓，即著名的包山楚國大墓，出土了 1 枚鋼針（M2：482）。[⑤] 針體截面呈圓形，直徑 0.08 厘米；針鼻扁平，針孔徑 0.06 厘米；鋒殘，殘長 8.18

---

① 陳建立等《甘肅臨潭磨溝寺窪文化墓葬出土鐵器與中國冶鐵技術起源》，《文物》2012 年第 8 期。

② 山西省文管會侯馬工作站《侯馬東周時代燒陶窯址發掘記要》，《文物》1959 年第 6 期。

③《春秋左傳正義》卷二十五，武英殿十三經注疏本，第 26a 頁。

④《管子》卷二十四，四部叢刊初編本，第 2a 頁。

⑤ 湖北省荊沙鐵路考古隊包山墓地整理小組《荊門市包山楚墓發掘簡報》，《文物》1988 年第 5 期。

厘米。該墓墓主官居楚國左尹，下葬於公元前 316 年。[1] 鋼針製造時間還要早一些，約與鬼谷子晚年的活動年代相當。男性高官不會作女紅，隨葬一枚鋼針，不同尋常。它是目前所見中國，可能也是世界上最早的鋼針實物。1992 年山東臨淄商王村一號戰國晚期女性墓出土一批鋼針，多達 50 枚左右。[2]

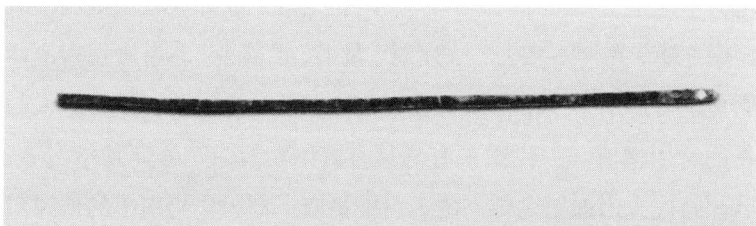

圖 7–1　湖北荊門包山 2 號楚墓出土的戰國鋼針

　　先秦磁石產地不止一處，河北省南端的磁山一帶尤為著名。藉中國冶鐵術發明和使用鋼化縫衣針的東風，先秦磁石遇上中國鋼針，產生磁針，開創了東方特色司南之路。

三　瓢針司南酌

　　被磁石（特別是好磁石）吸引過的鋼針其實就是磁針，隨着磁石引針不時發生，磁化鋼針陸續問世，離發現磁針的

---

[1] 湖北省荊沙鐵路考古隊《包山楚墓》上冊，北京：文物出版社，1991年，第 330 頁。

[2] 淄博市博物館《山東臨淄商王村一號戰國墓發掘簡報》，《文物》1997 年第 6 期。

指極性僅一步之遥。《管氏指蒙·釋中》曰："磁（原小字注：磁石可引鍼）者母之道，鍼者鐵之戕。"表明磁針始自磁石引針為古代方家之共識。公元前 3 世紀，古人終於發現了磁針的指向性。

沈約《宋書·禮志》引《鬼谷子》曰："鄭人取玉，必載司南，為其不惑也。"傳本《鬼谷子·謀篇》載："故鄭人之取玉也，載司南之車，為其不惑也。夫度材、量能、揣情者，亦事之司南也。"歷史上有過的指南車僅作儀仗之用，性能十分有限，没有載人載物的實用價值。古代從未有過具有實用功能的三維運動指南車，戰國時代入山取玉之鄭人更不可能擁有。周公作指南車的傳説出現後，《鬼谷子》"司南"衍為"司南之車"，但下文"事之司南"依舊，尚可佐證原文為"必載司南"。

《鬼谷子》磁針司南由磁石取針、必載司南、事之司南三部曲組成，為兩漢學者桓譚、王充等所熟知和應用。桓譚《新論》曰："頓牟、磁石，不能真是，何能掇針取芥。"將磁石取針引申為頓牟取芥、磁石掇針，闡明氣性。他又將實物司南和"事之司南"引申為人之指南，將"管仲，桓公之指南"用作《上便宜》的論據。[①] 惜其關於磁性指南的其他文字已佚。

1924 年 2 月，日本教授山下寅次發表《關於指南車與指南針》一文[②]，考證了指南車與指南針無關係，卻認為原始的羅盤

① 《六臣注文選》卷三，唐李善並五臣注，四部叢刊初編本，第 40b—41a 頁。
② 楳溪會《山下先生還曆紀念: 東洋史論文集》，東京: 六盟館，1938 年，第 4 頁。

針之記載，始見於宋朝沈括之《夢溪筆談》，發明不早於 11 世紀後半葉。同年 4 月，其學生文聖舉之譯文 [1] 刊於中國《科學》雜志。1928 年 6 月，張蔭麟發表名作《中國歷史上之"奇器"及其作者》，首次引用《論衡》的史料指出："王充《論衡・是應篇》有云：'司南之杓，投之地，其抵南指。'《說文》：'杓，枓柄也。'段注：'枓柄，勺柄也。'觀其構造及作用，恰如今之指南針。蓋其器如勺，投之於地，杓（柄）不着地，故能旋轉自如，指其所趨之方向也。" [2] 張蔭麟在文中還引用了《鬼谷子》的史料。接着他在書評中說："近作者據王充《論衡・是應篇》，證明東漢以前已知用磁針，而正山野氏之大誤。" [3] 觀張文之意，當時張蔭麟所稱"磁針"的含義與今日不完全一致，然無損於其創見之功。

通行本王充《論衡・是應篇》曰："司南之杓，投之於地，其抵指南。魚肉之蟲，集地北行。夫蟲之性然也。今草能指，亦天性也。" 2005 年，孫機據前北平歷史博物館舊藏殘宋本和朱校元本指出：文中的"司南之杓"本應是"司南之酌"。 [4] 隨後筆者補充證據，指出所有已知的楊文昌刻北宋修本、南宋乾道本、

---

[1] 文聖舉譯述《指南車與指南針無關係考》，《科學》1924 年第 4 期。

[2] 張蔭麟《中國歷史上之"奇器"及其作者》，《燕京學報》1928 年第 3 期。

[3] 張蔭麟《評〈燕京學報〉第三期》，原載《大公報・文學副刊》第 27 期。轉引自陳潤成、李欣榮編《張蔭麟全集》，北京：清華大學出版社，2013 年，第 997—998 頁。"山野"當是"山下"之誤。

[4] 孫機《簡論"司南"兼及"司南佩"》，《中國歷史文物》2005 年第 4 期。

元小字本、三朝遞修本（明補）四種早期版本都作"司南之酌"。[①]
蕭梁吳均（469—520）詩云："獨對東風酒，誰舉指南酌。""東
風酒"和"指南酌"是一對名詞，"指南酌"的出典就是《論衡》
的"司南之酌"。[②] 楊寶忠《論衡校箋》校"夫蟲之性然也"為"天
性然也"，[③] 其説是。故《論衡·是應篇》原文應是："司南之酌，
投之於地，其柢指南。魚肉之蟲，集地北行。天性然也。今草
能指，亦天性也。"

王充《論衡·亂龍篇》上承《新論》，以"頓牟掇芥，磁石
引針"説明氣性；其《是應篇》則借用"司南之酌，投之於地，
其柢指南"成説闡明天性。鬼谷子學派、桓譚、王充三家交互參
證，完整地構建了早期磁性司南的證據鏈，成為極其重要的司南
史料。

東漢徐岳撰、北周甄鸞注的《數術記遺》，錢寶琮以為是
甄鸞自撰自注，[④] 後來一些學者提出不同意見。《中國科學技術
史·數學卷》論證後指出："《數術記遺》不是偽書，乃是東漢
末徐岳撰，北周甄鸞注。"[⑤]《數術記遺》中保存了頗有價值的磁
針史料。其"八卦算"曰："針刺八方，位關從天。"注曰："為

---

① 聞人軍《"司南之酌"辯證及"北斗説"證誤》，《經學文獻研究集刊》
第十八輯，上海：上海書店出版社，2017 年，第 20—36 頁。
② 聞人軍《原始水浮指南針的發明——"瓢針司南酌"之發現》，《自
然科學史研究》2015 年第 4 期。
③ 楊寶忠《論衡校箋》，石家莊：河北教育出版社，1999 年，第 582 頁。
④ 錢寶琮校點《算經十書》，北京：中華書局，1963 年，第 531—532 頁。
⑤ 郭書春《中國科學技術史·數學卷》，第 174—176 頁。

算之法，位用一針鋒所指以定算位。數一從離起，指正南離為
一。"①1962 年，李約瑟的《中國科學技術史》說："這裏說到用一
根針作指示物，且方位的序列是從正南開始。因此，相信所有這
一切都與磁羅盤無關，似乎是困難的，而其年代如果不是更早的
話，則至少應是 570 年的事。"②現在看來，這是東漢末人借鑒占
候司南的磁針指向南方之意所創。如果此前没有磁針指向南方的
知識，就無從建立八卦算，實亦《論衡》瓢針司南酌之旁證，其
後磁針司南益見明朗。

　　許慎注《淮南子》曰："燧，五石之銅精。圓以仰日，則得
火。"③《論衡·亂龍篇》既稱"磁石引針"，又說"今伎道之家
鑄陽燧取飛火於日"。《晉書》本傳載楊方"少好學，有異才"。
他巧用科技典故入詩文，其《合歡詩》云："磁石引長針，陽燧
下炎煙。"④不僅串聯《亂龍篇》《是應篇》之意，點出司南酌所
用的長針，亦透露二者乃伎道之家所為。東晉是磁針司南發展
史上的又一重要時期。著名道家葛洪的《抱朴子外篇·疾謬》
曰："疾美而無直亮之針艾，群惑而無指南以自反。"《抱朴子外
篇·嘉遁》又曰："夫群迷乎雲夢者，必須指南以知道。並失乎

① 徐岳撰、甄鸞注《數術記遺》，北京：文物出版社，1980 年，第 6b 頁。
　參見錢寶琮校點《算經十書》，第 543 頁。
② 李約瑟《中國科學技術史》第四卷第一分冊，陸學善等譯，北京：
　科學出版社，2003 年，第 242 頁。
③ 慧琳《一切經音義》卷三十三"從燧"之注所引，北京大學圖書館
　藏本，第 11b 頁。
④ 郭茂倩《樂府詩集》卷七十六，景印文淵閣四庫全書本第
　一千三百四十八冊，台北：台灣商務印書館，1983 年，第 13b 頁。

滄海者,必仰辰極以得反。"徐堅《初學記》卷五引《抱朴子》曰:
"磁石引針。"《太平御覽》卷五十一也引《抱朴子》曰:"礠石引
針。"此佚文可與《抱朴子外篇》共觀。經剖析,《抱朴子》"指南"
與《鬼谷子》司南同義,[1] 其所用的磁針,正是"磁石引針""磁
石引長針"所得。葛洪、楊方等已將磁針司南明白揭示,毋庸
置疑。歷史上,《抱朴子》的磁針"指南"引領時代潮流,六朝
士人稱頌司南成風。

如:任昉《奉和登景陽山》云"司南動輕枻",以皇家園林
的指南舟入詩。[2] 吳均《酬蕭新浦王洗馬》云:"思君出江湄,
慷慨臨長薄。獨對東風酒,誰舉指南酌。……一年流淚同,萬
里相思各。"有些學者釋"慷慨"為"意氣風發"或"慷慨豪邁,
充滿激情",皆與全詩基調不合。《説文·心部》曰:"慨,忼慨,
壯士不得志也。從心既聲。"王雲路曾論證,漢魏六朝詩歌語
言中,"慷慨"有悲傷義,多表示憂傷的慨嘆。[3] 筆者今觀吳均
此詩中的"慷慨",也用此義。他鬱鬱不得志,以"獨對東風酒"
和"誰舉指南酌"抒憂思之情。時代相近的梁元帝《玄覽賦》
"司南"和《北齊書·樊遜傳》"指南"則是真正的司南酌,詳
見下文。

《證類本草》所引蕭梁道家兼醫家陶弘景的《本草經集注》

---

① 聞人軍《論古文獻磁性"司南"之證及"北斗説"之誤》,《自然科
學史研究》2023 年第 1 期。

② 聞人軍《考工司南》,第 250—261 頁。

③ 王雲路《詞匯訓詁論稿》,北京:北京語言文化大學出版社,2002 年,
第 150 頁。

云：磁石"今南方亦有，好者能懸吸針，虚連三、四為佳"。[1] 唐蘇敬《新修本草》卷四"慈石"條的注文引作"今南方亦有，其好者能懸吸針，虚連三、四、五為佳"。[2] 方家可能早已發現好磁石能"懸吸針"，陶弘景搜集、記錄了這種簡便有效的方法。以懸吸縫衣針的多寡來判别磁石的磁性强弱，便於獲得磁性較强的磁針，意味着"磁石引針"技術的進步。隨着方家發現效果更好的"以磁石磨針鋒"之法，中國磁針更上一層樓。

唐代段成式《酉陽雜俎》載昇上人詩云："勇帶綻針石，危防丘井籐。"[3] "綻"字有綻和縫正反二義，"綻針"即縫綻針（縫衣針），"綻針石"之"石"非磁石莫屬。行僧隨帶磁石、縫衣針，需要時以磁石磨針鋒就獲得磁針。[4]

《説文·壺部》曰："壺，昆吾圜器也。"臧克和認為"昆吾"得名於"壺"，"壺"之得名在於"葫蘆"。"壺"象也即葫蘆，具有"宇宙的象徵意藴"。[5] 北斗因形似瓢勺而得名。唐代勘輿名家張説（667—730）的《詠瓢》詩云："美酒酌懸瓢，真

---

[1] 唐慎微《證類本草》卷四石部，景印文淵閣四庫全書本第七百四十册，台北：台灣商務印書館，1983 年，第 148 頁。

[2] 蘇敬《新修本草》卷四，唐寫本影印本，上海：上海科技出版社，1959 年，第 54 頁。

[3] 許逸民《酉陽雜俎校箋》，北京：中華書局，2015 年，第 1851 頁。

[4] 聞人軍《〈酉陽雜俎〉"綻針石"及李淳風〈針石論〉考釋》，《出土文獻與古文字研究》第八輯，上海：上海古籍出版社，2019 年，第 378—386 頁。

[5] 臧克和《説文解字的文化説解》，武漢：湖北人民出版社，1994 年，第 379—383 頁。

淳好相映。蝸房卷墮首，鶴頸抽長柄。雅色素而黄，虚心輕且勁。豈無雕刻者，貴此成天性。"[1] 此天性以《論衡》"司南之酌""天性"指南為典。接着的韋肇《瓢賦》云："惟兹瓢之雅素……靜然無似於物，豁爾虚受之徒……挹酒漿，則仰惟北而有别；充玩好，則校司南以為可。有以小為貴，有以約為珍。"[2]《瓢賦》"瓢之雅素"和"虚受"脱胎於《詠瓢》的"雅色素而黄，虚心輕且勁"，"挹酒漿"句對應於《詠瓢》的前四句，"充玩好"句呼應《詠瓢》的後四句。"有以小為貴"上承《詠瓢》的"貴此成天性"句。《説文·木部》曰："校，木囚也。"古人名動相因，語本同源。許氏訓"木囚"，實兼名詞、動詞二義言之。故段玉裁注曰："囚，繫也。木囚者，以木羈之也。"《説文解字義證》曰："木囚也者，《韻會》引《繫傳》：'校者，連木也。《易》：荷校滅耳，此桎也。履校滅趾，此梏也。'"因為需要固定磁針兩端，韋肇妙用"校"字。"充玩好"句意謂：用（雕刻的）小葫蘆瓢"桎梏"磁針兩端成司南，可充當玩好。正是小葫蘆瓢，早已作為理想的浮漂，與磁針組合成浮式司南酌，成就其指南的"天性"。圖7–2是其復原模型，鋼針長5.4厘米，"經天然磁石吸引磁化，模擬實驗水浮司南酌能旋轉自如而指南。若以該磁石磨針鋒磁化，效果更佳"。[3]

---

① 張説《張燕公集》卷五，武英殿聚珍版本，第1b頁。

② 董誥等《全唐文》卷四百三十九，北京：中華書局,1983年，第4476頁。

③ 聞人軍《〈玄覽賦〉與〈樊遜傳〉：詩史互證識司南》,《中國訓詁學報》第六輯，北京：商務印書館，2023年，第97—103頁。

圖 7-2　瓢針司南酌復原模型

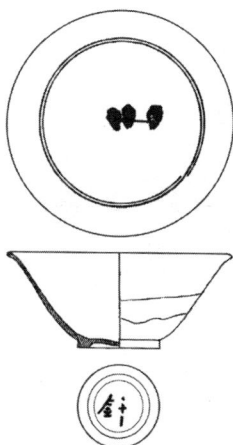

圖 7-3　遼寧大連甘井子元代墓葬出土的元代放指南水浮針的碗示意圖[1]

瓢針司南酌順應社會需求而演進，除升格為浮式盤針外，也進化為其他形式，針碗浮針（參見圖 7-3）可謂其嫡派傳針。20 世紀 70 年代末，王振鐸對針碗浮針及其浮漂作過開創性的研究。他

────────────

[1] 王振鐸《試論出土元代磁州窯器中所繪磁針》，《中國歷史博物館館刊》1979 年第 1 期。

"曾剪取高粱稈内穰和葫蘆殼做浮漂，其效果是良好的"，"也曾收取蠟燭的淚滴穿貫磁針做試驗"，"在浮力上和形式上都符合了要求"。[1] 現在看來，圖 7-3 針碗上尖頭圓底大點的畫法表示的應是三顆蠟點。王振鐸以葫蘆殼做浮漂的先驅實驗，無意中證實了司南酌和針碗浮針的傳承關係。瓢針司南酌只須改變浮漂，就演進成針碗浮針。[2]《瓢賦》中的"充玩好"，也有後續。北宋僧正覺《頌古》詩云："妙握司南造化柄，水雲器具在甄陶。"實體和引申義語義雙關。1982 年江蘇丹徒出土的一支唐銀酒令纛，以葫蘆針矛形為頂。葫蘆針矛頂代表瓢針，纛桿象徵水雲器具司南酌的天地造化柄。[3]

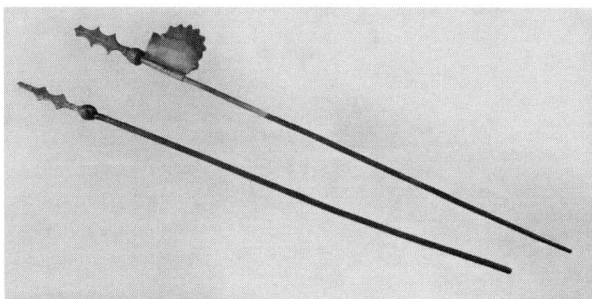

圖 7-4　1982 年江蘇丹徒出土的唐銀酒令旗（上）和酒令纛（下）

四　早期磁偏角發現史

磁偏角發現史是檢驗磁石勺説與瓢針説孰是孰非的試金

---

① 王振鐸《試論出土元代磁州窰器中所繪磁針》。
② 聞人軍《考工司南》，第 265 頁。
③ 聞人軍《"瓢針司南酌"的考古和文獻新證》，載《出土文獻與古文字研究》第七輯，上海：上海古籍出版社，2018 年，第 438—449 頁。

石。在司南酌和磁偏角的交叉研究中，中國磁偏角發現史被一再刷新。1859 年 3 月 15 日，英國傳教士、著名漢學家偉烈亞力（Alexander Wylie）在英文周刊 *North China Herald*（《北華捷報》）發表 *The Magnetic Compass in China*（《中國磁針》），向世界介紹中國磁針多次發現磁偏角之功。他將磁偏角之發現從沈括（1032—1096）上溯至僧一行（683—727），曾引起國際漢學界的轟動。但其論據的引文只有英譯，未提供中文原文和出處，一百多年來國內外不少研究者先後探究，長期未果。1989 年，王其亨先生署名史箴發表《從辨方正位到指南針：古代堪輿家的偉大歷史貢獻》一文，提到："明代顧乃德匯集唐宋時風水論著《地理天機會元》，解釋指南針，提到'昔金陵得石碑於江中，載李淳風《針石論》，亦謂子午為中道格'。如果此說可以證實，則唐初已用指南針並涉及磁偏角。"並提及偉烈亞力引述的是一本中文"有關日規的小書"。[①] 2018 年底筆者通過電郵請教其出處[②]，王先生惠告《針石論》出自《地理天機會元》卷三十一《披沙揀金》；因當時極為繁忙，無暇核檢後者來源，建議我通過文後的參考文獻搜檢。經筆者多方排查、追蹤，確認 1859 年偉氏引用之文其實來自偉烈亞力藏書之一張作楠的《揣籥小錄》。接着又發現：張作楠的引文來自陸燿的《切問齋集》，而陸燿的資料出自楊光先《針路論》

---

① 史箴《從辨方正位到指南針：古代堪輿家的偉大歷史貢獻》，載王其亨等《風水理論研究》，天津：天津大學出版社，1992 年，第 226、230 頁。
② 當時中科院自然科學史研究所博士生韓玉芬幫助聯繫，謹致謝意。

所引一行針訣："虛危之間針路明，南方張度上三乘。"① 偉氏之謎終於真相大白。國際上，加拿大政府網站關於地磁偏角的網頁也已採納這一結論，寫道："大約公元 720 年，中國人首次測定了磁偏角。"②

　　7 世紀，李淳風（602—670）整理《管氏指蒙》，著《針石論》，涉及磁針、磁石和磁偏角的定量表示。③8 世紀，堪輿大師僧一行將磁針所指與臬影較，再次觀測磁偏角。"三乘""上三乘"是佛學術語，表示不定。此針訣的首創非僧一行莫屬，也説明他已發現磁偏角大小隨處不同。④ 明代馬森的《分金用卦辯》曰："地理有分金者，考其説，主於定羅經之南針而言也。"⑤ 鑒於磁偏角大小不定，僧一行曾嘗試分為四針，即木日針、銅盤針、土圭針和金盤針。南宋陳著（1214—1297）熟悉堪輿史，其《本堂集》卷三十三《贈郡經歷韓君美》云："京房輩，晚唐時，悖繆之渠潟之靡。"京房（前 77—前 37）是西漢占候名家。"悖繆之渠"意謂悖繆之大。"潟之靡"意謂背離本質蔓延。陳著的《連山王開詩試子午花》詩用一行之典，有"色變化成丹竈火，時開落應土

① 聞人軍《偉烈之謎三部曲：一行觀測磁偏角》，《自然科學史研究》2019年第 1 期。
② https://www.geomag.nrcan.gc.ca/mag_fld/magdec-en.php，2020-10-21修訂。
③ 聞人軍《〈酉陽雜俎〉"綻針石"及李淳風〈針石論〉考釋》。
④ 聞人軍《偉烈之謎三部曲：一行觀測磁偏角》。據段成式《酉陽雜俎·語資》載，一行還作過四句圍棋訣，惜已失傳。
⑤ 黃宗羲《明文海》卷一百一十六，景印文淵閣四庫全書本第一千四百五十四册，台北：台灣商務印書館，1983 年，第 9b 頁。

圭針。感懷南北多分裂，此獨全名古到今"之句。[1] 明代傅振商《地理醒心錄》曰："《瀛海經》以每甲六分，除去一分，用五分起分金，布三百六十週天，故有木日、銅盤、土圭、金盤四針之說。勵伯韶曰：'先將子午定山岡（即木日針），卻把中針來較量（即銅盤針），更兼三七（即土圭針）與二八（即金盤針），莫與時師說短長。'"[2] 明徐善續、徐善述的《地理人子須知》曰："後世不知聖人製作之原，擬議於測，而又有金盤、銅盤、三七、二八，以至天盤、地盤之說，紛然雜出而莫之適從矣。"《地理人子須知》的"引用諸名家堪輿書目"有"《大衍曆分度》，唐内供奉一行禪師著"，[3] 四針之說當源自此書。明徐之鏌《羅經頂門針》也曰："又不可如唐一行四分之，有木日、土圭、銅盤、金盤之論，徒爾紛紛籍籍，茫無適從，是可哂也。"[4] 在前人已有認識的基礎上，一行"擬議於測"，其四分說僅被後世部分採納，但與一行針訣在邏輯上相輔相成，也與一行受命修曆、主持進行的大規模天文大地測量密切相關。僧一行觀測磁偏角由此獲得進一步的確認，為進一步探索中國磁針史樹立了重要的坐標。[5] 同時代張說之《詠瓢》，

---

① 陳著《本堂集》卷十七，景印文淵閣四庫全書本第1185冊，台北：台灣商務印書館，1983年，第4b頁。

② 天中星垣主人《地理醒心錄》卷九盤針，明天啓間刻本，第6b頁。

③ 徐善續、徐善述《地理人子須知》，蘭州：敦煌文藝出版社，2012年，第427、23頁。

④ 徐之鏌《新鑴徐氏家藏羅經頂門針》下卷，明天啓間金陵書林唐鯉耀刻本，第58b頁。

⑤ 閻明軍《一行"四針說"、〈古今注〉與磁針技術三階段之演進》，《中國訓詁學報》第十輯，待刊。

隨後韋肇之《瓢賦》，將磁針司南的重要組件瓢勺記録在案，佐證了磁針的承載方式。構建磁針信史，無可置疑。

　　磁針司南進化為盤針後，唐宋堪輿家為了克服磁偏角的影響，多方試驗，最後形成羅盤三針（中針、縫針、正針）之説。北宋堪輿名家王伋將一行的針訣發展為針法詩："虚危之間針路明，南方張度上三乘。坎離正位人難識，差卻毫厘斷不靈。"[①] 流傳甚廣。託名北宋慶曆元年（1041）司天監楊惟德的《塋原總録》，曾一度被視為首次記載磁偏角之書，近年經辨偽乃知是元代才有的偽書。[②]

　　託名魏管輅的堪輿書《管氏指蒙》與《管氏地理指蒙》本為一書，前者現存明萬曆八年（1580）刊本，後者有《古今圖書集成》本，兩者大同小異，各有價值。《管氏指蒙》書前有唐太宗貞觀十四年（640）"李淳風表奏"，表明此書原型在李淳風整理之前已經流傳。班固《漢書・京房傳》載，京房"本姓李，推律自定為京氏"。他以災異解説占候，旨在干政，招致棄市，後世感嘆不已。《管氏地理指蒙》論磁偏角和"得中之道"曰："定天地之中，必于危張之度……土曷中而方曷偏，較軒轅之紀，尚在星虚丁癸之躔。惟歲差之法，隨黄道而占之，見成象之昭然……是以磁針之所指者，其旨在斯。何京房之臆鑿，捨四正

---

① 管輅《管氏地理指蒙》，古今圖書集成本，北京：中華書局，成都：巴蜀書社，1984—1988 年，第 57976 頁。

② 余格格《〈塋原總録〉與磁偏角略考》，《自然科學史研究》2016 年第 4 期；聞人軍《楊惟德〈塋原總録〉偽書考》，載《考工司南》，第 270—290 頁。

之深悲。"[1] "四正"指坎離震兌（北南東西）四方。根據古地磁學的研究，《管氏指蒙·釋中》關於磁偏角為正值的記載（磁針指向在星虛連綫和丁癸連綫之間）不可能發生於有唐一代，只能對應於西漢至魏晉時代。《釋中》關於磁偏角為負值的記載（磁針指向偏向危宿和張宿），對應於六朝時代。[2] 若將京房的各種活動置於占候司南史中多方考察，他已將磁針司南用於占候，影響深遠。

　　至 6 世紀南北朝對峙期間，政治動機使素來低調的司南占候浮出水面。梁元帝蕭繹曾任護國將軍在京師建康戍守。他於伎術無所不精，性好易卜，曾師法京易之術，在靈臺用司南占候。大同十一年（545）十二月作名篇《玄覽賦》，其文云："予是時也……見靈烏之占巽，觀司南之候離。"[3] 以親身體驗，用互文結構描述了靈臺占候術中使用的相風烏和占候司南。據《北齊書·樊遜傳》記載，北齊天保五年（554）制詔問對，樊遜的秀才對策廣徵博引，在論"禍福報應"時曰："五方易辨，尚待指南；百世可知，猶須吹律。"司南占候和吹律定姓之間有相地術的聯繫，樊遜的這前後兩句均以司南占候和吹律定姓之京房為典。五方指南、西、北、東、中央。"五方易辨"之指南用於占候，有與蕭梁爭奪"惟王建國"於地中的政治動機。結合唐前《管

---

① 管輅，前引書，第 57976 頁。
② 聞人軍《幾種磁偏角文獻的再探索》，《自然科學史研究》2017 年第 3 期。
③ 陳志平、熊清元《蕭繹集校注》，上海：上海古籍出版社，2018 年，第 157 頁。

氏指蒙・釋中》所保存的磁針及發現磁偏角為正值和負值的兩項史料，《玄覽賦》《北齊書・樊遜傳》和《管氏指蒙》相互參證，容易辨別五方的司南用於靈臺占候，當隨黄道占候觀測臬影，顯示磁針所指與臬影不同之象。觀測磁偏角非磁石勺所能，正是以磁針為核心的司南酌之特長。[1]

《管氏指蒙》在長期流傳中不免羼竄，傳本已非舊貌。《古今圖書集成》本《管氏地理指蒙》來自清初欽天監漏刻科博士翁德新（字釐峰）所作《地理指蒙全注》。[2]《管氏地理指蒙・釋中》京房句翁德新之注曰："極言得中之道。天地得中而四極以立……斯針指之謂乎。京房以臬影較，偏於丙壬。謬矣。"2010年香港堪輿界有人推測"磁偏角早在京房時代已發現了"，未有論證。京房已用司南占候，他發現磁偏角現象之事，可行性没有問題。惜其著述絕大部分已佚，迄今尚缺直接的證據，有待進一步探索。

磁偏角知識傳至11世紀，方家廖瑀的《卦例》曰："智者……以磁石磨針鋒，浮於水面則指南。然後以臬影較之，則不指南，常偏丙位。"接着，沈括《夢溪筆談》也披露："方家以磁石磨針鋒，則能指南。然常微偏東，不全南也。"[3]方家不傳之秘終於公諸於世，廣為人知。沈括還對磁針的裝置法作了幾種試驗。隨着

---

① 閩人軍《論古文獻磁性"司南"之證及"北斗説"之誤》。
② 梁辰雪《中古時期相地術研究》，復旦大學碩士學位論文，2014年，第53頁。
③ 閩人軍《司南酌、盤針及指南魚新議》，《自然辯證法通訊》2021年第8期。

《夢溪筆談》的流傳，南宋幻術家將磁性針石移植到幻術表演，發明了木刻"指南魚"和"指南龜"。

五 《事林廣記》"指南魚"和"指南龜"

20世紀40年代末，在陳元靚《事林廣記》"和刻本"中，王振鐸發現了"指南魚"和"指南龜"的史料。其"造指南魚"法曰："以木刻魚子一個，如母指大，開腹一竅，陷好磁石一塊子，卻以臘填滿。用針一半僉從魚子口中鈎入，令没放水中，自然指南。以手撥轉，又復如初。"文中"臘"同"臘"，是"蠟"的假借。《説文·人部》曰："僉，皆也。"即針的一半在魚内，另一半露在外面。"鈎入"指將針探入並與内部的磁石相接觸。"好磁石"指磁力强的磁石。其"造指南龜"法曰："以木刻龜子一個，一如前法製造，但於尾邊敲針入去。用小板子，上安以竹釘子，如箸尾大。龜腹下微陷一穴，安釘子上，撥轉常指北，須是釘尾後。"[①]其中的"前法"，即造指南魚法。

王振鐸對"指南魚"和"指南龜"作了開創性的研究，提出復原方案，製成模型。海内外學術界廣為引用，都把它們視為利用磁石指南的實例。其實有些誤解。我們細審《事林廣記》原文之意，指南魚（或指南龜）的工作原理和設計思路卻是：因

---

① 陳元靚《事林廣記》，載《和刻本類書集成》第一輯，上海：上海古籍出版社，1990年，第462頁。

為塞進孔內的磁石塊的南北極難以保證與指南魚（或指南龜）
的縱軸綫方向一致，為了更好地演示指南魚（或指南龜）的指
南性能，幻術家特意在魚口（或龜尾）插入鋼針。經筆者指南
魚模擬實驗驗證，這種針石組合的指向完全與磁針的方向一致，
磁石塊極性是否精確對準並不影響指南魚的指向。指南魚、指
南龜幻術的訣竅，係用前輩方家之術，先讓"好磁石"磁化鋼
針以指向，又留在魚（或龜）腹內"養針"，並增强磁力矩，以
收指向準確、轉動靈便之效。圖 7-5 和圖 7-6 是筆者據此思路
改進的復原方案。①

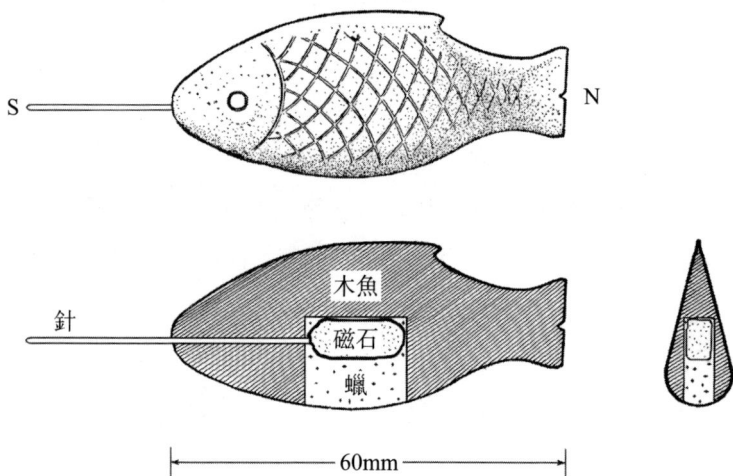

圖 7-5 《事林廣記》木刻指南魚復原方案

---

① 聞人軍《司南酌、盤針及指南魚新議》，又《〈事林廣記〉指南魚龜
新考與復原方案》，載《出土文獻與古文字研究》第九輯，上海：上
海古籍出版社，2021 年，第 487—496 頁。

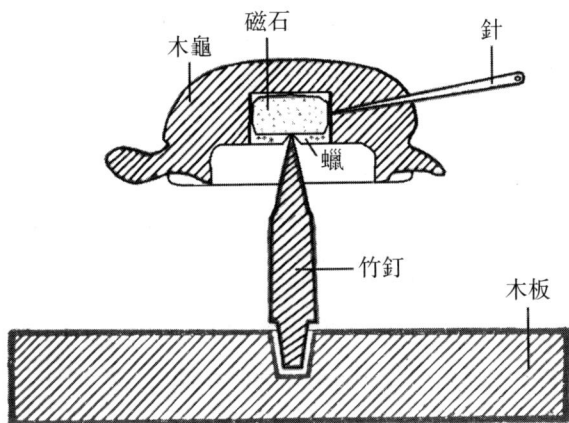

圖 7-6 《事林廣記》木刻指南龜復原方案

六　中國鋼針和指南針的西傳

中國鋼針的西傳以往很少有人關注，現只知大致情形。《大英百科全書》第 15 版 "針" 條説："骨針和角針已經使用了至少 20,000 年。（歐洲）最早的鐵針可以追溯到 14 世紀，它沒有針孔，但有一個閉合的鈎子來攜帶針綫。15 世紀低地國家（比、荷、盧）開始製造針鼻帶孔的針。"[1] 歐洲的鐵針來自何方？《大英百科全書》第 13 版 "針" 條載："鋼針經由摩爾人（Moor）傳到歐洲，有記載表明德國紐倫堡已於 1370 年着手製造。"[2]《大美百科全書》

[1] *The New Encyclopedia Britannica*, 15th edition, Chicago, 2005, Vol. 8, p. 579.

[2] *The Encyclopedia Britannica*, 13th edition, London/New York, 1926, Vol.19, p. 339.

1919 年版"針"條説:"中國人看來是鋼針的發明者,後來鋼針經由穆斯林世界傳播,再通過北非的摩爾人傳到歐洲。"[1]

古希臘學者曾下功夫精心研究過磁石吸鐵現象,在獲得中國磁針技術之前,始終没有發現磁石的指極性。因爲歐洲人長期無緣縫衣鋼針,便没有從磁石引針發展到磁針的捷徑,故後來經由阿拉伯人從中國傳入指南針技術。

1119 年,朱彧的《萍洲可談》首次記載中國海舶用指南針導航:11 世纪末,"舟師識地理,夜則觀星,晝則觀日,陰晦觀指南針"[2]。中國指南針西傳後,歐洲最早的相關記載見於英國學者尼坎姆(Alexander Neckam,1157—1217)的 De utensilibus (《論器具》) 和 De naturis rerum (《論自然界的性質》),著於 1190 年左右,書中提到歐洲海員在陰天或黑夜,用天然磁石與鐵針相接觸,鐵針在圓盤内旋轉到指向北方爲止。[3] 中國素有磁石"養針"之法,歐洲也用此法。據載,歐洲早期航海羅盤需要備用磁石,經常磨擦鐵針,重新磁化,才敷應用。[4] 法國彼得·佩力格里努斯(Petrus Peregrinus) 寫於 1269 年的《佩力格里努斯與希爾古斯就磁體問題的通信》,科學史上簡稱《論磁通信》(Epistola demagnete),是磁學上的重要歷史文獻。《論磁通信》在歐洲的圖書館中有許多副本,其中萊頓副本近結尾處有一段關於磁偏角

---

[1] *The Encyclopedia Americana*, New York and Chicago: The Encyclopedia Americana Corporation, 1919, Vol. 20, p. 39.
[2] 朱彧《萍洲可談》卷二,守山閣叢書本,第 2b 頁。
[3] 潘吉星《中外科學技術交流史論》,第 134 頁。
[4] *The Encyclopedia Britannica*, 13th edition, Vol.17, p. 351.

的話（磁體指向的是磁極北向，而不是地理北向），羅南（Colin A. Ronan，1920—1995）的《劍橋插圖世界科學史》等曾誤信為真。[1]其實這是在16世紀初竄入的。[2]一般認為，歐洲發現磁偏角，大約始於15世紀初或上半葉。

綜上所述，中國司南之所以捷足先得，遙遙領先，是藉發明鋼針之助，發現了磁針的指向性。磁針與瓢勺組合成水浮司南，用於實用指向和占候，利於一再發現磁偏角。中國司南之路頗具東方特色，磁針始終是主角。

---

[1] 科林・A・羅南《劍橋插圖世界科學史》，周家斌、王耀楊等譯，濟南：山東畫報出版社，2009年，第250頁。

[2] *The Letter of Petrus Peregrinus on the Magnet, A. D.1269*, https://www.gutenberg.org/files/50524/50524–h/50524–h.htm#fr_3, 2024–03–27。

第八章　科技訓詁析實例

在中華文明史中，一個名詞術語常可用於不同的知識領域，以表達不同的含義。科技史家何丙郁說："我在協助李約瑟博士撰寫《中國科學技術史》的過程中，往往遇到各種科技術語。在將古籍裏的章句翻譯成英文的時候，才知道這些術語的含義，大都是不載於各種辭書之中的。"①科技史家李志超在中國科學技術大學開設了科技訓詁課，他認為"訓詁學內涵隨時代的變化則反應各歷史時期社會意識的演進"，"科技古文的考據訓詁原則上與普通考據訓詁無異，但仍有其鮮明特色"。②李先生身體力行，其《國學薪火》對古書中"機""儀"二字的闡發令人印象深刻，對《考工記》"審曲面勢"的考證相當精彩。本書第二章的"庬旁"、第七章的"磁石引針"和"校司南"等討論，也是科技訓詁的例子。

科技訓詁的基本原則與普通考據訓詁相通，也就是諸家指出的廣集多方面的材料（《說文》中可能分散在不同地方），運用形、音、義統一的方法，綜合研究。筆者體會，其鮮明特色或注意要點是：

---

① 何丙郁《何丙郁中國科技史論集》，瀋陽：遼寧教育出版社，2001年，第170頁。

② 李志超《國學薪火》，合肥：中國科學技術大學出版社，2002年，第240、233頁。

（1）科技訓詁往往涉及各類專業或科技史知識，古代學者未必瞭解，也可能超出現代研究者原有的知識結構。要善於多方面學習，包括各種直接和間接經驗。有條件的話，必要時進行調查研究和模擬實驗。

（2）詞義處在發展變化之中，科技術語古今有別的情形不時發生，如果不注意，易犯以今律古之病。要瞭解詞的引申脈絡，掌握所求詞義的特點，辨析古今詞義的同異，避免以現代漢語的詞義或有限的個人經驗去附會古代文獻，釀成錯誤。

（3）學術討論中，不少不同觀點之爭是由偷換概念引起的。發生的原因較複雜。在一詞多義的情形下，如何選擇義項，歸根結底取決於上下文意。要避免遷就觀點，錯選義項。不明通假、引申的關係，也可能犯偷換概念之病而不自知。需要查漏補缺，不斷學習，充實訓詁基本知識。

下面舉例討論之。

一　《考工記·匠人》和水力學知識

《考工記·匠人》曰：“凡行奠水，磬折以參伍。欲為淵，則句於矩。”此句言簡意賅，歷來是《考工記》研究中的難點之一。由於不了解水力學原理，鄭玄注、賈公彥疏未得其要。程瑤田、孫詒讓亦未能跳出舊注之框架。

1."凡行奠水，磬折以參伍"辨

鄭玄注：“《坎》為弓輪，水行欲紆曲也。鄭司農云：‘奠讀為停，謂行停水，溝形當如磬，直行三，折行五，以引水者疾焉。'"孫詒讓《周禮正義》曰："注云'《坎》為弓輪，水行欲紆曲也'者，《易·説卦》云：'《坎》為水，為溝瀆，為弓輪。'引之明行水之法，與弓輪同，取紆曲也。"鄭玄注僅從《易·説卦》取出《坎》"為弓輪"，孫疏所引略多，但仍省略了中間的重要內容，以此作為論據，易生歧義。

《坎》"為弓輪"在《易·説卦》第十一章。原文是："坎為水，為溝瀆，為隱伏，為矯輮，為弓輪。"文中"為弓輪"不是緊跟在"為溝瀆"之後，而是列於"為矯輮"之後。用"為弓輪"解釋"為溝瀆"並不恰當。水行可紆曲，不等於水行欲紆曲。"坎為水"以弓輪為卦象確與《考工記》不無關係。《考工記》"輪人"節有："揉輻必齊"，"凡揉牙，外不廉而内不挫，旁不腫，謂之用火之善"。"弓人"節有："橈幹欲孰於火而無贏，橈角欲孰於火而無燂。"弓輪皆矯輮而成之物，故《説卦》從"為矯揉"引申到"為弓輪"。若以弓和輪描述水行軌跡，車輪運行時垂直於地面，引弓時弓也垂直於地面，"惟幹强之，張如流水"，對應的應是立面上水流庫下的倨句，而不是平面上明渠的溝形如磬折。

程瑤田云："記言行奠水之曲折，當如磬折之倨句。以形體言三五者，言不一，其磬折無定數也。"[1]孫詒讓認為："程説是也。"[2]《周禮正義》曰："'凡行奠水，磬折以參伍'者，此即《大

① 程瑤田《程瑤田全集》第二册，第 315 頁。
② 孫詒讓《周禮正義》，汪少華點校，北京：中華書局，2015 年，第 4231 頁。

戴禮記》所説水流倨句之義。"①

　　查《大戴禮記·勸學》，其原文云："子貢曰：'君子見大川必觀，何也？'孔子曰：'夫水者，君子比德焉：徧與之而無私，似德；所及者生，所不及者死，似仁；其流行庳下，倨句皆循其理，似義；其赴百仞之谿不疑，似勇；淺者流行，深淵不測，似智……'"②以孔子的博學多識，不難理解"凡行奠水，磬折以參伍。欲為淵，則句於矩"的古義。孔子説水"流行庳下，倨句皆循其理"，正與立面上水行的情形合拍，卻與地面上"行奠水之曲折，當如磬折之倨句"不在同一個維度。

　　彎道水流運動相當常見，水流紊動結構十分複雜。明渠彎道的流速不及相同長度的直段。20世紀80年代，筆者曾指出："在渠系彎道處存在螺旋流，離心力要做功，所以彎道的水頭損失要大於相同長度的直段。另外，彎道下游凸岸處還有漩渦。這些原因加大了能量損失，因此，一再改變水流方向，多作磬折形，並不能加快水速，反而會使流速降低。"③21世紀水力學界有關彎道水流的研究更為深入。如于洋等學者模擬轉角30度、60度、90度、120度、150度、180度的明渠彎道，考察了彎曲度對彎道水流的影響。④

---

① 孫詒讓《周禮正義》，第4230頁。

② 王聘珍《大戴禮記解詁》，王文錦點校，北京：中華書局，1983年，第135頁。

③ 聞人軍《〈考工記〉中的流體力學知識》，《自然科學史研究》1984年第1期。

④ 于洋、艾叢芳、金生《彎曲度對彎道水流結構影響的三維數值模擬研究》，《水利與建築工程學報》2018年第3期。

從其模擬結果可以發現，彎道水位、縱向流速和橫向環流等有一定的變化規律，彎曲度越大，影響越大。但轉角 30 度（約與磬折相當）仍有回流和漩渦，不如直道順暢。賈疏所謂"因其曲勢，則水去疾"顯然是不對的。程瑤田云："奠水止而不行，今欲溝而行之，為直溝，無益也；若為已句之溝，欲其行而反鬱之，亦無益；惟用曲矩度其倨句，使中乎磬折，又非一磬折而已也，參之伍之，令多為磬折之形，以奠水之流行無滯而後已。"① 程説亦非是也。

2.《考工記·匠人》與《管子·度地》之"淵"辨

《考工記·匠人》："欲為淵，則句於矩。"鄭玄、賈公彥、程瑤田各有解釋。孫詒讓《周禮正義》集其大成曰："'欲為淵，則句於矩'者，《説文·水部》云：'淵，回水也。'《管子·度地篇》云：'水出地而不流者，命曰淵水。'上'行奠水'謂道停水使之行，此'為淵'謂瀦行水使之停，二義相備也。""注云'大曲則流轉，流轉則其下成淵'者，流轉謂回旋也。《爾雅·釋水》云'過辨，回川'，郭注云'旋流'。《列子·黄帝篇》云'流水之潘為淵'，殷氏《釋文》云：'潘本作蟠。蟠，洄流也。'《管子·度地篇》云：'水之性，行至曲必留退，滿則（覆）［後］推前。''杜曲則擣毀，杜曲激則躍，躍則倚，倚則環，環則中，中則涵。'即大曲則流轉成淵之義。"②

---

① 程瑤田《程瑤田全集》第二册，第 314—315 頁。
② 孫詒讓《周禮正義》，第 4231—4232 頁。此段中孫詒讓少引九字："地下則平行，地高即控。"

　　如今看來，孫疏的“二義相備”確是卓見，但對“淵”的理解尚不完整。《説文・水部》曰：“淵，回水也。从水，象形。左右岸也，中象水兒。𣲖，淵或省水。𣲖，古文，从口水。”段玉裁注：“口其外而水其中。”故古文“淵”的本義是“口其外而水其中”，指圍而蓄積之水。《管子・度地篇》云：“出地而不流者，命曰淵水。”而《列子・黄帝篇》提到了九種淵水，其中有“止水之潘為淵”。[①] 既然“行奠水”和“為淵”二義相備而對舉，蓄水池（即水庫）中乃“止水”，流出是行奠水（停水），注入則應是“止水之潘為淵”。

　　《管子・度地篇》對水性的論述十分精辟而難解。唐尹知章注和今人周魁一的解釋各有得失，值得進一步研究。《度地篇》云：“水之性，行至曲必留退，滿則後推前，地下則平行，地高即控。”尹知章注：“控，謂頓也。言水頓挫而卻。”周魁一認為：“‘行至曲，必留退，滿則後推前’，描述的是渠水通過倒虹吸的水流現象，當渠水從一端流入向下彎曲的倒虹吸時，必先灌滿倒虹吸（從整個渠道水流來看，這時呈現出‘留退’的狀況），爾後才能‘後推前’地從另一端流出……出口低於進口（‘地下’），則水流將平順地通過，否則，渠水就會因倒虹吸出口端過高（‘地高’），受倒虹吸控制而流不過去。”[②] 原則上可從。

　　《管子・度地篇》接着又云：“杜曲則擣毁。杜曲激則躍，躍

---

① 王强模《列子全譯》，貴陽：貴州人民出版社，1993 年，第 41 頁。
② 周魁一《中國科學技術史・水利卷》，北京：科學出版社，2002 年，第 53 頁。

則倚，倚則環，環則中，中則涵，涵則塞，塞則移，移則控，控則水妄行。"首句"杜曲則擣毀"當是綜述，"杜曲激則躍"至"控則水妄行"則是具體分析。尹知章注："杜，猶沖也。擣，觸也。言水行至曲則沖，而沖有所毀傷。"可從。水行至曲就將沖毀渠道。

關於"杜曲激則躍"，周魁一認為："指的是渠道縱斷面上的局部突然升降（'杜曲激'），這時可能出現水躍現象。"然《説文·水部》曰："激，水礙衺疾波也。"疑是渠道有彎曲和阻礙，水行至曲則沖，發生躍涌和回流，回流和正流匯合，産生漩流。周魁一指出："'倚'和'環'則分別是對水躍主流漩渦和兩旁回流形態的描述。""'環則中'，'中'與'沖'古代也有時混用。"[①]將"中"理解為沖刷，似欠妥。而尹知章注曰："前後相排則圓流生空，若環之中，謂之齊。""中"應該也是對水流形態的描述，尹注的方向是對的。但他以"圓流無所通則相涵激也"注"中則涵"，未妥。周魁一認為"'涵'有包含、挾帶的意思"[②]，亦可商。《方言》卷十："涵，沈也。"渠道遭受漩流的侵蝕破壞。《度地篇》認為，環流中心的泥沙最先沈積，故曰"中則涵"，日積月累，造成渠道堵塞（"涵則塞"）、變遷（"塞則移"）。尹知章注："塞亦控也。"我們可以理解為"控亦塞也"，渠道變遷造成新的堵塞（"移則控"），以至水流妄行。

現代水力學對渠系彎道水流多有研究，或可借用《中國科學技

---

① 周魁一《中國科學技術史·水利卷》，第52頁。
② 同上。

術史・水利卷》的"彎道螺旋流橫向輸沙"示意圖[①]（圖 8-1）作一簡單解釋。河流或明渠彎道，也包括直角與小於直角的彎道，由於離心力等因素的作用，造成橫斷面水位差，以及底層水流向凸岸，表層水流向凹岸的橫向環流，橫向環流和縱向水流疊加在一起，形成彎道中的螺旋流。[②]螺旋型水流橫向漱掘和沈積的結果使凸岸更凸，形成淺灘；凹岸更凹，形成深槽。深槽水深的極值與凹岸頂部並不相重，而是位於後者的下游。[③]凹岸不斷沖刷，可能坍塌。

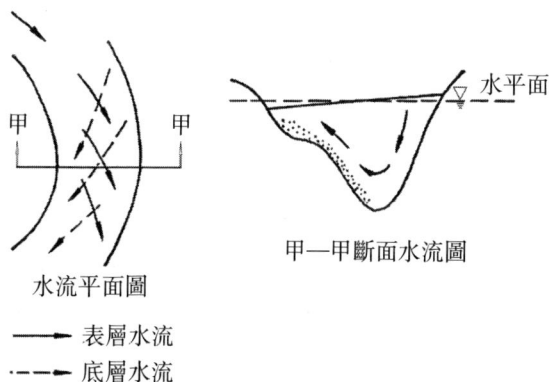

圖 8-1　彎道螺旋流橫向輸沙示意圖

　　針對彎道水流的特性，人們可以趨利避害。都江堰的飛沙堰就是利用彎道環流側向排沙的實例。但"搗毀"或"妄行"均是危害性後果，不是《考工記》"凡為淵，則句於矩"的目的。程瑤田

---

① 周魁一《中國科學技術史・水利卷》，第 78 頁。
② 錢寧、張仁、周志德《河床演變學》，北京：科學出版社，1987，第 128—129 頁。
③ 同上書，第 123 頁。

謂流轉又"激而匯之，使回旋漱掘"，"自能成莫測之深淵"。彎道
凹岸側水道確實被漱掘，但只是水流在此段較深，按《管子·度地
篇》"出地而'不流'者，命曰淵水"，流水中的深潭既不能算"淵"，
也没能起到"淵"的蓄水作用。孫詒讓説他引自《度地篇》的幾句
話"即大曲則流轉成淵之義"，大概是誤解了《度地篇》揭示的水性。

3. 兩義對舉新解

《中國水利史稿》最早提出："所謂'奠水'，鄭玄解釋為停
水，即靜水，似指灌渠進口前面的水源。那麼，渠道進口處要做
成什麼樣子才能順暢地引水呢？要做成類似石磬的樣子，堰形要
有 150° 左右的夾角，而其橫段與折段的長度應是三比五。"[1]受
此啓發，1984 年筆者提出"磬折以參伍"指的是一種溢流堰的
形狀，類似現代的實用剖面堰中的折綫型剖面堰，一個頂角大小
約當磬折，其兩邊之比為三比五。後來鑒於"匠人"指明"凡為
防，廣與崇方，其綱叄分去一，大防外綱"，規定了堤防和大防
頂部與側面的長度比例（説明作者認為這個長度比例是重要的參
數），略加修訂。溢流堰頂和外側面夾角近似於磬折形，長度之
比為三比五，似最符合作者的意圖。（參見圖 8-2）

記文"凡為淵"之義，《中國水利史稿》認為："所謂'勾於矩'，
即渠系建築物做成直角形，當是指渠道中的跌水。"[2]學界或從傳統

① 武漢水利電力學院、水利水電科學研究院《中國水利史稿》編寫組
　《中國水利史稿》上册，北京：水利電力出版社，1979 年，第 108 頁。
② 同上。

的回流成淵觀點，或從跌水説。但據上一節分析的彎道水流特點，依賴水力漱掘成淵，或渠道中的跌水，均非正解，"凡爲淵"是用跌水入蓄水池（水庫）。爲了不讓水力沖壞蓄水池，也不造成淤積，蓄水池進口處的轉角當句於矩，即句如矩。（參見圖8–3）

　　一言以蔽之："凡行奠水，磬折以參伍"是從蓄水池用磬折形泄流堰（頂邊與外側面之比爲三比五）引水；"句於矩"是直角形跌水注水入蓄水池。[①]

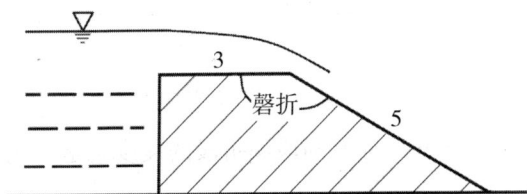

圖8–2　"磬折以參伍"式的折綫型剖面堰

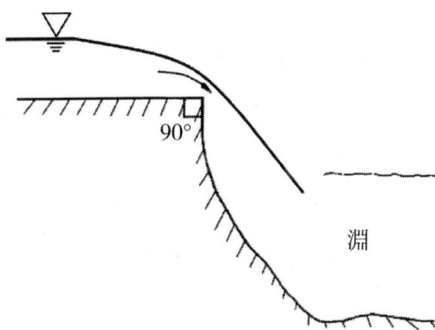

圖8–3　《考工記・匠人》跌水示意圖

---

① 聞人軍《〈考工記〉"磬折以參伍"和"句於矩"新論》，《中國訓詁學報》第五輯，北京：商務印書館，2022年，第31—39頁。

二 "弓有六善"正解與以今律古

科技知識不斷進步，科技術語隨時代而演進，以今律古是科技訓詁的大忌。沈括《夢溪筆談》"弓有六善"的説解是一個典型的例子。

1. "弓有六善"版本校勘

"弓有六善"是古代實戰良弓製作技術的經驗之談，在科技史上甚有價值。北宋沈披善射，會製良弓，曾任雄州安撫副使。其弟沈括也嫻熟武藝，又能文，善於總結提高。他們的舅父許洞是兵書《虎鈐經》的作者。沈氏兄弟聯手將良弓的六項優點提煉為"弓有六善"説，首載於沈括的《夢溪筆談》卷十八，沈括還作簡明的技術性説明：

> 予伯兄善射，自能為弓。其弓有六善：一者往體少而勁，二者和而有力，三者久射力不屈，四者寒暑力一，五者弦聲清實，六者一張便正。凡弓往體少則易張而壽，但患其不勁，欲其（徑）[勁][1]者，妙在治筋。凡筋生長一尺，乾則減半，以膠湯濡而（極）[梳]之，復長一尺，然後用，則筋力已盡，無復伸弛。又揉其材令仰，然後傅角與筋，此兩法所以為筋也。凡弓節短則和而虛（原注：虛謂挽過吻則無力），節長則健而柱（原注：柱謂挽過吻則木强

---

① "勁"據《皇朝事實類苑》卷五十二、沈傲炘本、津逮本等改。

而不來。節謂把梢榑木，長則柱，短則虛），節［若］① 得中則和而有力，仍弦聲清實。凡弓初射與天寒，則勁強而難挽；射久、天暑，則弱而不勝矢。此膠之為病也。凡膠欲薄而筋力盡，強弱任筋而不任膠，此所以射久力不屈，寒暑力一也。弓所以為正者，材也。相材之法視其理，其理不因矯揉而直中繩，則張而不跛。此弓人之所當知也。②

"弓有六善"的第一善最重要也最引人關注。對原文是"往體少而勁"還是"性體少而勁"，由於版本和理解不同，迄今許多關於《夢溪筆談》的著述存在誤刊或誤解。《夢溪筆談》的初版本已佚。南宋江少虞輯的《皇朝事實類苑》於紹興十五年（1145）成書，其卷五十二內輯有《夢溪筆談》"弓有六善"。現存最早的是日本元和七年（1621）木活字本，源出宋紹興二十三年（1153）的麻沙書坊本，刊為"往體少"。③南宋乾道二年（1166）揚州州學教授湯修年刊《夢溪筆談》為後世流傳各本的祖本。自乾道本始，元大德九年（1305）刊本、明萬曆三十年（1602）沈儆炌刊本、明末毛晉《津逮秘書》本均刊作"往體少"。而1934年上海涵芬樓《四部叢刊續編》影印明覆宋本，明弘治乙卯年

---

① "若"字從胡道靜《新校正夢溪筆談》（中華書局，1957年），據《皇朝事實類苑》卷五十二引校補。

② 沈括《元刊夢溪筆談》卷十八，北京：文物出版社，1975年，第8—10頁。

③ 江少虞《新雕皇朝類苑》卷五十二，木活字本，日本元和七年（1621）。

（1495）徐瑢刊本，明萬曆三十年（1602）商浚《稗海》本，崇
禎四年（1631）嘉定馬元調刊本，以及由稗海本和馬元調本衍生
的諸本，刊作"性體少"。《正字通》曰："徃，俗作徎。"① 追溯版
本源流，"徎"和"性"形似易誤。本節討論了版本問題，下文
談理解問題。

2. 以今律古之例

有學者認為："如果沈括還是沿用着早於他一千多年前的'徃
體'這一《考工記》中專業術語的話，而其稍晚再版的《夢溪筆談》
均改作'性體'，即説明讀者們已經習慣於用'弓體輕而弓力强
勁'這樣一種理解方式了。"② 此説實可議。科技訓詁只有回到歷
史語境，遵從文獻原貌，才能立足於可靠的史料，古為今用。自
《考工記》作為《周禮》的一部分，《考工記》中的"徃體""來體"
這些專業術語影響長在，歷代解經者耳熟能詳。沈括對《考工記》
也素有研究，他將"徃體"這一術語用在"弓有六善"開頭，將"弓
人"這一術語用在"弓有六善"末尾，前後呼應，頗具匠心。

有學者説："我們認為沈括用'性體'來表達製作弓體時所
用的材料少而彈性勁似更加符合弓匠們實際製作經驗和思維模
式。"③ 然訓詁不能以今律古。在古代，"性體"表示本性、氣質。

① 張自烈、廖文英《正字通》卷三：寅集下，秀水吳源起清畏堂刊本，
康熙二十四年（1685），第51b頁。
② 儀德剛《〈夢溪筆談〉"弓有六善"再考》，《自然辯證法通訊》2019
年第12期。
③ 同上。

彈性和彈性體是近代科學的概念，在近代科學傳入以前，"性體"從未用作彈性體。若將"性"和"性體"理解為彈性和彈性體，客觀上不僅拔高了沈括時代的科學水平，而且割裂了《考工記》與"弓有六善"的傳承關係。

對"往體""性體"的深入考辨，涉及成規法的解釋和"往體""來體"句的錯簡問題。《考工記·弓人》提到"為天子之弓，合九而成規；為諸侯之弓，合七而成規；大夫之弓，合五而成規；士之弓，合三而成規"，一般稱之為成規法。《周禮·夏官·司弓矢》中也有類似的提法。《考工記·弓人》還有兩處文字與成規法在邏輯上緊密聯繫。一是："凡析幹，射遠者用勢，射深者用直。"另一處傳本曰："往體多，來體寡，謂之夾臾之屬，利射侯與弋。往體寡，來體多，謂之王弓之屬，利射革與質。往體、來體若一，謂之唐弓之屬，利射深。"①因為漢儒已不知此"往體""來體"句曾經錯簡，歷代經學家往往困惑莫解，難以通釋這三處文意。

成規法中的弓是弛弦之弓還是披弦之弓，便有分歧。《周禮注疏》卷三十二賈公彥曰："云'體往來之衰也'者，此皆據角弓反張，不被弦而合之。""反張"指釋弦時弓體反曲。賈公彥以為合不被弦之弓成規。若以成規法指弛弓狀態立論，其實經不起推敲。如 2015 年儀德剛的《〈考工記〉之"成規法"辨析》一文認為："《考工記》之'成規法'本意應該是指在角弓下弦後的反曲狀態。"該文列出表格（弓名、合數、弓力對照表及其合

---

① 《十三經注疏·周禮注疏》，第 1172、1183—1185 頁。

理性）以顯示其合理性。① 然而該作者不小心把表中"天子之弓"到"士之弓"的弓高數據填反了。一經糾正，正好證明其預設前提（釋弦之弓）是錯的。②

　　1993年，筆者開始提出"往體""來體"句的錯簡問題。③2008年，拙著《考工記譯注》明確"往體"為弛弦時弓體外撓的體勢，"來體"為張弦時弓體内向的弓高和曲勢，以此再次論述了錯簡問題。④ 近年筆者借鑒國内外當代學者（包括儀德剛）對傳統復合弓性能的研究，撰文對有關問題作了更詳細的論證，確認《考工記·弓人》"往體""來體"句曾經錯簡，應校正為："往體多，來體寡，謂之王弓之屬，利射革與質。往體寡，來體多，謂之夾臾之屬，利射侯與弋。往體、來體若一，謂之唐弓之屬，利射深。"⑤ "往體"和"來體"不是普適的評價如今形形色色的良弓的主要指標，但在《考工記》時代，對當時復合弓的性能特點作這樣的高度概括是合理且難能可貴的。

---

① 儀德剛《〈考工記〉之"成規法"辨析》，《内蒙古師範大學學報》（自然科學漢文版）2015年第1期。
② 聞人軍《〈夢溪筆談〉"弓有六善"補證——兼揭王琚《射經》之衍變》，《廣西民族大學學報》（自然科學版）2021年第2期。
③ 聞人軍《考工記譯注》，上海：上海古籍出版社，1993年，第134—135頁。
④ 聞人軍《考工記譯注》，上海：上海古籍出版社，2008年，第149—150頁。
⑤ 聞人軍《〈考工記·弓人〉"往體"、"來體"句錯簡校讀》，《自然科學史研究》2020年第1期。

3."弓有六善"正解之例

"弓有六善"的第一善是"往體少而勁"，在此"而"是連詞，
表示並列，相當於"和""與"。由上文可知，"往體寡，來體多"
並非勁弓的特徵。沈括説"凡弓往體少則易張而壽，但患其不勁，
欲其勁者，妙在治筋"，意謂兼有"往體少和勁"（即易張而壽和
勁）兩種優點。其原因分別是往體少和治筋得法。將"往體少而
勁"理解為"弓體輕因而弓力強勁"不符合沈括的本意。

"弓有六善"的第二善是"和而有力"。儀德剛説："在沈括
看來，'弓節短則和而虛'……由此可見，沈括並不是一名善射
之士。弓把的長短雖然影響弓體大拉距的彈性效果，但性能好
的筋角弓的特點恰恰應當是'和而虛'。""為了長時間調節瞄準
動作，此時的弓體彈力如果與中程相當或弱於中程那是比較完
美的筋角弓特點。"[1] 此論似是而非，且因作者以為基於自身實踐
經驗而不易覺察和識別，實際上也是以今律古引起的。明李呈
芬《射經》曰："至於射敵又與射的不同。射的貴從容，射敵貴
神速。從容則引弓稍輕而調，猶可以及遠中微。神速者非強弓
重矢安能殺敵於百步之外哉？"[2] 沈括明確説"虛謂挽過吻則無
力"，是就殺敵之弓而言。他所説的"短則虛"是指：若弓把太短，
弓體後期彈力已不足。沈披所製、沈括所説的六善之弓用於神
速殺敵，與如今競技體育射靶的"長時間調節瞄準動作"不可
同年而語。

---

① 儀德剛《〈夢溪筆談〉"弓有六善"再考》。
② 陶珽《説郛續》卷三十六，宛委山堂本，清順治三年（1646），第2a頁。

"弓有六善"的第五善是"弦聲清實",《考工記·弓人》未提及,而唐王琚《教射經》已有初步的經驗總結。因與"和而有力"有關,一起說一下。北宋曾公亮等編的《武經總要》"教弓法"引王琚《教射》曰:"其執弓,……則和美其有聲而駃矣。"[1]《説文·馬部》曰:"駃,駃騠,馬父嬴子也。从馬夬聲。臣鉉等曰:今俗與快同用。古穴切。"段玉裁注:"蓋當作'馬父驢母嬴也'六字。孟康曰:'駃騠生七日而超其母。'"杜佑《通典》卷一百四十九所引《教射經》作"則和美有聲而俊快也"。[2]《教射經》的"和美有聲"隱含引弓"和而有力",放箭得法"弦聲清實"之意。沈氏兄弟作了繼承和發展,意謂:使用"和美有力"的弓,引弓後儲能充足,加上施放得法,箭矢迅疾脱弦而出,弓弦震動發出清實之聲。

其餘三善的解釋涉及製弓材料古今有異等,也不可以今律古,請參見相應拙文[3],在此從略。

三 "司南"訓詁和偷換概念

王力《訓詁學上的一些問題》一文指出:"凡是一詞多義的地方,都可以偷換概念。""古代學者(包括清人在内)由於時代的局限性,常常陷於偷換概念而不自覺,現在我們如果再蹈這覆

---

[1] 曾公亮、丁度《重刻校正增補官版武經總要》前集卷二"教弓法",金陵富春堂萬曆十七年(1599)刊本,第30b頁。

[2] 許洞《虎鈐經》卷八,美國國會圖書館藏明刊本,第12b—13a頁。

[3] 聞人軍《〈夢溪筆談〉"弓有六善"補證——兼揭王琚〈射經〉之衍變》。

轍，那就不應該了。"①偷換概念也是科技訓詁的通病。

《論衡》司南句的釋讀（參見第七章 "瓢針司南酌" 相關内容），是各種觀點的立論之基，至關重要。王充將 "屈軼之草" "司南之酌" 和 "魚肉之蟲" 並舉，"草" "酌" 和 "蟲" 都是名詞。"司南之酌" 的 "之" 是語助詞。正如 "屈軼之草" 即 "屈軼草"，"司南之酌" 即 "司南酌"。蕭梁吳均詩曰："獨對東風酒，誰舉指南酌。" "東風酒" 系吳均新創之典。"東風酒" 是名詞，與其對偶的 "指南酌" 也是名詞，後者係用王充《論衡·是應篇》司南酌的典故，也證明 "司南之酌" 即 "司南酌"。②"酌" 義同 "勺"。如《楚辭·招魂》云："華酌既陳，有瓊漿些。"東漢王逸《楚辭章句》注："酌，酒斗也。"《韓非子·十過》曰："觴酌有采，而樽俎有飾，此彌侈矣。"③《淮南子·主術訓》曰："觴酌俎豆，酬酢之禮，所以效（善）〔喜〕也。"④上述用例和《論衡》司南句的 "酌" 只可釋為名詞勺，不是動詞。《説文·酉部》："酌，盛酒行觴也。从酉勺聲。"段玉裁注："形聲包會意。"古人名動相因，盛酒是用瓢勺舀取的動作，舀取的工具是瓢勺，而行觴是目的。"酌" 字實應分析為 "从酉从勺，勺亦聲"。故《太平御覽》

---

① 王力《龍蟲並雕齋文集》第一册，北京：中華書局，2015 年，第 323 頁。
② 聞人軍《再論 "司南酌"》，《中國經學》第二十四輯，桂林：廣西師範大學出版社，2019 年，第 239—252 頁。
③《韓非子》卷三，四部叢刊初編本，第 5b 頁。
④ 劉文典《淮南鴻烈集解》卷九，上海：商務印書館，1933 年，第 26b—27a 頁。

卷七百六十二以義引作"司南之勺"。明嘉靖通津草堂本將"司南之酌"改為"司南之杓",是文字的通假。因為"杓"有兩義(勺與勺柄),遂給當今"司南之杓"的解釋之爭埋下了種子。其實"司南之杓"義同"司南之勺",若釋為"司南之勺柄"就偷換了概念。

　　古代專著都有其用詞的特點和條例。《論衡》中,"投之於地"和"集地"凡兩見。除《是應篇》外,《論衡·狀留篇》曰:"且圓物投之於地,東西南北,無之不可;策杖叩動,才微輒停。方物集地,一投而止;及其移徙,須人動舉。"大意是:圓球放在平地上,可能向東西南北任一方向滾動。用棍子輕敲擾動,才稍微滾一下,就又停下。方塊下地,一放下就停住了。要想改變它的位置,必須人力移動。王充在這兩篇中都用"投之於地"和"集地"對舉,清楚地表明了文中"投"意謂置、放,"地"指平地;兩個"投之於地"的含義相同,即放在地上。[1] 若將此"地"釋為杙占的地盤或非常光滑的平面,其實質也是偷換了概念。

　　《説文·木部》:"柢,根也。"柢的本義是根本、根柢。《太平御覽》卷九百四十四和卷七百六十二都將"其柢指南"以義引作"其柄指南"。張宗祥《論衡校注》也釋司南句之"柢"為柄。楊琳《勺形司南未可輕易否定》一文多方論證司南句中"'柢'就是'柄'"。[2] 拙文《"司南之酌"辯證及"北斗説"證誤》中也詳細説明司南句"柢"應釋為瓢勺之柄。故"司南之酌,投之

---

① 聞人軍《王充論"投之於地"及磁石勺説獻疑》,《中國訓詁學報》第四輯,北京:商務印書館,2021年,第214—222頁。

② 楊琳《勺形司南未可輕易否定》,《自然辯證法通訊》2016年第3期。

於地，其柢指南"當譯為：司南酌，放在地上，其柄指南。

1. "北斗説"之誤

劉秉正從 1956 年起不斷撰文主張《論衡》司南是天上的北斗。直至 2022 年 1 月，劉亦未等聯名發表《中國古文獻中的司南是磁性指南器嗎？》[①]，系統地重申"北斗説"，認為古文獻中的司南都不是磁性指南器。他們對《論衡》司南句提出了兩種解釋。第一種解釋是："如果《論衡》中是'司南之杓'，那麼'司南之杓，投之於地，其柢指南'可以釋為：'北斗繞北天極沿璣璇方向旋轉，當其杓柄投向地面時，即第 6，7 星開陽與搖光連綫指向地面，其底（由璣指向璇的延長綫）即指南'。"第二種解釋是："如果《論衡》中是'司南之酌'，那麼《論衡》中'司南'指的另一種可能解釋就是指夏季的北斗天象：當夏天黃昏時，北斗的酌（酌：勺可以酌酒的部分，即勺體部分）投向地面時，則柢（斗柄）指南。"

將《論衡》司南句中的"柢"釋為勺柄的古今學者不計其數，劉氏的第二種解釋亦予採用。劉氏的第一種解釋中將"柢"釋為勺底是偷換概念。酌、勺、杓的通假，基於勺（sháo）義。杓（biāo）是衍生的歧義，釋杓為北斗的杓柄就偷換了概念。"投之於地"的"投"，意謂放置。劉氏所謂杓柄"投向"地面，用的是近代物理學才有的概念，犯了以今律古的毛病。

---

① 劉亦未、劉亦豐、劉秉正《中國古文獻中的司南是磁性指南器嗎？》，《自然辯證法通訊》2022 年第 1 期。

在第二種解釋中，劉氏對"投"字的解釋也是以今律古。且杜撰"酌：勺可以酌酒的部分，即勺體部分"，這是沒有任何訓詁根據的。第二種解釋也不符合《論衡》原意。無論何時，司南酌放在地上，其中的磁針和所在的瓢柄就一起指南。司南句決不是指只有"當夏天黃昏時"，天空背景上想象出來的圖形旋轉到一定角度，投射形成什麼幾何關係。

從北半球朝北肉眼觀察天空，上南下北。指向地面即指向北方。劉氏第一種解釋的實質是斗柄指北和斗底指南，第二種解釋的實質是斗底指北和斗柄指南。從春秋戰國到如今，肉眼觀察斗柄與斗底並不正好在一條直綫上，劉氏假想的斗柄指北和斗底指南，或斗底指北和斗柄指南，其實都不可能同時發生。至於其他古文獻中一些"司南"的觀點分歧和正確解釋，詳見拙文《論古文獻磁性"司南"之證及"北斗説"之誤》。

2."司南車説"之誤

古文獻中的司南或指南，一詞多義，古代注家或將指南針與指南車混淆不清。自18世紀傳教士和漢學界涉足中國指南針史以來，國內外各種觀點形形色色。[①]2005年，孫機發表《論衡》司南為司南車的觀點，[②]2018年又發表《再論"司南"》，後略作修訂，收入2023年出版的《孫機文集》，仍稱中國指南針發明於11世紀，重蹈百年前山下寅次的覆轍，反而說張蔭麟的創見是

---

① 參見李書華《指南針的起源（下）》，《大陸雜志》1954年第10期。
② 孫機《簡論"司南"兼及"司南佩"》。

"一道偽命題"。^①從科技訓詁的角度分析，孫氏對"酌"和"柢"
的解釋是錯誤的。2005 年孫文曾據《集韻·支部》引《字林》
釋"柢"為"碓衡"。2015 年拙文指出，《玉篇·木部》云："柢，
丁計切，根也。"另一字："柢，上支切，碓衡也。"《廣韻·支部》
也云："柢，碓衡。"柢、柢有別。《説文·石部》云："碓，舂也。"
《説文·角部》云："衡，牛觸橫大木。"即使按有的工具書將"碓
衡"視為"柢"的另一義項，"碓衡"是舂碓的橫大木，不會用
來形容木人指向的手臂。^②2018 年的《再論"司南"》就不再説
"柢"是"碓衡"了。

　　但《再論"司南"》仍説："至於'酌'字，如《國語·周語》
漢·賈逵注：'酌，行也。'《詩·周頌·酌》漢·鄭玄箋：'文王
之道，武王得而用之，亦是酌取之義。'《廣韻》也説：'酌，行也。'
則酌訓行、用。"仍以為："'司南之酌，投之於地。其柢指南。'
就是説指南車在地上行駛時，其橫桿即木人的手臂總指向南方之
意。"^③此訓詁似是而非。

　　《詩·周頌·酌》鄭玄箋："文王之道，武王得而用之，亦是
酌取之義。"這裏的"酌取"同義連用，"酌"就是"取"，正如
《禮記·坊記》"上酌民言"鄭玄注："酌猶取也，取衆民之言以
為政教則得民心。"《國語·周語上》："故天子聽政，使公卿至於
列士獻詩，瞽獻曲，史獻書，師箴，瞍賦，矇誦，百工諫，庶人

① 孫機《孫機文集》第七册，北京：商務印書館，2023 年，第 190 頁。
② 聞人軍《原始水浮指南針的發明——"瓢針司南酌"之發現》。
③ 孫機《再論"司南"》，《中國國家博物館館刊》2018 年第 7 期；又載
　《孫機文集》第七册，第 186—187 頁。

傳語，近臣盡規，親戚補察，瞽、史教誨，耆、艾修之，而後王斟酌焉。"韋昭注："斟，取也。酌，行也。"董增齡正義引《呂氏春秋·召類篇》高誘注："斟酌，取其善而行。"可見《國語·周語上》韋昭注的"酌，行也"是指做、實行，指天子治國之酌"行"（implement），酌訓"用"也指治國之道，不能理解為車子的"行駛"（driving）。至於《廣韻》的"酌，行也"，不是與韋昭注"酌，行也"相同，就是很有可能來自《説文》的"酌，盛酒行觴也"。按照段注，"行觴"是"盛酒於觶中以飲人"，不能把"行觴"的"行"解釋為"行駛"。將"司南之酌"的"酌"解釋為"行駛"，是典型的偷換概念。"司南之酌"的通俗解釋是"司南之勺"，決不是司南車之用。[①]

需要説明的是，孫先生生前雖然堅持《論衡》司南是司南車的觀點，但作為拙文《論古文獻磁性"司南"之證及"北斗説"之誤》的審稿專家之一，其於 2022 年 8 月在審稿意見中誠懇地表示："現在看來，在《論衡·亂龍篇》明確指出'磁石引針'之後，直到 12 世紀初指南針問世之前，這個大課題中還有不少細節有待清理，如果能找到確鑿的證據，將我國發明指南針的時間再向前推，未嘗不是一件大好事。"

3. "磁石勺説"商榷

1937 年王振鐸作《指南車記里鼓車之考證及模製》，採用了張蔭麟對《論衡》司南的觀點，也説"觀其構造及作用，恰如今

---

① 閻人軍《再論"司南酌"》，《中國經學》第二十四輯，第 239—252 頁。

之指南針"。[1] 在 40 年代末制訂和實施復原方案時，王先生假設了磁石勺加栻占地盤的方案。實則捨易就難，以致司南研究走了一段彎路，影響至今。

《太平御覽》卷九百八十八"藥部·石藥下"引《淮南萬畢術》曰："磁石懸入井，亡人自歸。注：取亡人衣帶，裏磁石懸井中，亡者自歸矣。"[2] 西漢逃亡現象相當普遍，"亡人"指逃亡的人，故《本草綱目》的引文注中稱之為"逃人"。王振鐸早已發現了《太平御覽》卷九百八十八及卷七百三十六的類似引文，認為"其說失於怪力亂神"，[3] 從來沒有把它當作已有磁石指南知識的證據。近年有學者為屏蔽磁石勺說的不利因素，把筆者的"瓢針司南酌"模擬實驗曲解為"模擬磁石水浮指南"，又把《淮南萬畢術》的"亡人"誤解為"亡魂"，稱之為"磁石招魂術"，[4] 也是犯了偷換概念的錯誤。"磁石懸入井，亡人自歸"不能作為磁石指向知識的證據。[5]

沈括的《夢溪筆談》卷二十四曰："方家以磁石磨針鋒，則能指南……磁石之指南，猶柏之指西，莫可原其理。"此"磁石之指南"的文意模棱兩可。王振鐸就指出："沈括所記用磁石去

---

① 王振鐸《科技考古論叢》，第 6 頁。

② 李昉等《太平御覽》卷九百八十八，北京：中華書局，1960 年影印本，第 4372 頁。

③ 王振鐸，前引書，第 82 頁。

④ 黃興《指南新證——中國古代指南針技術實證研究》，濟南：山東教育出版社，2020 年，第 98、32 頁。

⑤ 聞人軍《〈指南新證〉商榷》，《出土文獻與古文字研究》第十輯，上海：上海古籍出版社，2022 年，第 348—356 頁。

摩針，和今天慣用的以針順極向摩擦磁石的操作方法不同，反映當時僅是注意到傳磁後的指南針的南北極向，而沒有提出磁石本身的極向問題。"[1] 即使將此句理解為磁石指向性的發現，其仍遠遠晚於磁針指向性的發現。

磁石勺只是一種基於王振鐸假設的產物。磁石勺並非難以保存之物，但考古資料中從未發現任何實物證據。文獻資料中，所有經史子集，包括各種方家著作、堪輿書，種種可靠或不可靠的古代傳說，從來沒有提到過磁石勺。磁石勺說不僅沒有磁石指向知識、實物和文獻根據，迄今磁石勺可行性研究的結果也不符合《論衡》的有關記載。黃興的《指南新證》說："《論衡》'司南之杓（或勺、酌），投之於地，其柢（柄）指南'這句話與磁石勺的使用方法和指向過程相符。……這句話可理解為：將司南以一定的速度放在地上，或將司南的柄撥向地面，柄或柄端就會指南。……剩磁較高的磁石畢竟是少數，光滑程度較高的支撐平面也不一定隨磁石勺一起攜帶，所以在更為通常的情況下，磁石勺需要觸碰一下，將之啓動，完成指南。"[2] 然而原文是"司南之酌"，"酌"是本字，"杓"是通假字，不能以通假字立論。將首句"司南之酌（勺）"變為"司南之杓（柄）"是偷換概念，也與末句"其柢（柄）指南"義復，文句欠通。這是磁石勺說的真正要害。《指南新證》稱"或將司南的柄撥向地面"不合原文之意，"磁石勺需要觸碰一下，將之啓動，完成指南"

---

[1] 王振鐸《科技考古論叢》，第221頁。
[2] 黃興《指南新證——中國古代指南針技術實證研究》，第135—136頁。

的復原方案其實是不合格的。《是應篇》"投之於地"之"地"，釋為地盤已證明是誤解。它與"魚肉之蟲，集地北行"之"地"同義，也與《狀留篇》"圓物投之於地"之"地"同義，就是普通的平地。磁石勺放在這種地上，即使觸碰一下，也難啓動和旋轉，況且原文並無觸碰之意。

與此相反，不利於磁石勺假説的證據卻越來越多。《詠瓢》和《瓢賦》確證了瓢勺浮式司南，而僧一行已用它觀測磁偏角，説明司南中非有磁針不可。何況隨着磁偏角和司南酌交叉研究的不斷推進，早期磁偏角發現史節節上溯，接二連三出現的司南使用磁針的鐵證，磁石勺説都無法解釋。歷史上真正的磁針司南比風靡半個多世紀的磁石勺更為簡便、高明，整部中國古代科技史就更精彩了。

中國古代科技人物燦若繁星，成就耀眼奪目。《説文解字》所説解和旁及者，只是其中的一部分。而打開我們的小書所看到的，又僅是其中的少數例子。希望讀者朋友有所收獲，有些讀者進而產生進一步研究的興趣。讓我們共同努力，將古代科技成就發揚光大，以裨於中華文明代代相傳。

主要參考文獻

陳夢家《殷墟卜辭綜述》，北京：中華書局，1988 年。

程貞一、聞人軍《周髀算經譯注》，上海：上海古籍出版社，2012 年。

丁福保《説文解字詁林》，北京：中華書局，1988 年影印再版。

何駑《怎探古人何所思——精神文化考古理論與實踐探索》，北京：科學出版社，2015 年。

馮時《文明以止——上古的天文、思想與制度》，北京：中國社會科學出版社，2018 年。

姜亮夫《姜亮夫全集》第十八卷，昆明：雲南人民出版社，2002 年。

李志超《國學薪火》，合肥：中國科學技術大學出版社，2002 年。

劉釗等《新甲骨文編》（增訂本），福州：福建人民出版社，2014 年。

陸宗達《説文解字通論》，北京：中華書局，2015 年。

盧嘉錫主編《中國科學技術史》（天文學、數學、農學、醫學、水利、物理學卷），北京：科學出版社，2016 年。

馬伯英《中國醫學文化史》上卷，上海：上海人民出版社，2010 年。

丘光明《計量史》，長沙：湖南教育出版社，2002 年。

唐蘭《唐蘭全集》第六册，上海：上海古籍出版社，2015 年。

天回醫簡整理組《天回醫簡》，北京：文物出版社，2022 年。

王平《〈説文〉與中國古代科技》，南寧：廣西教育出版社，

2001 年。

汪少華《〈考工記〉名物匯證》，上海：上海教育出版社，2019 年。

聞人軍《考工司南：中國古代科技名物論集》，上海：上海古籍出
    版社，2017 年。

游修齡《農史研究文集》，北京：中國農業出版社，1999 年。

余國慶《説文學導論》，合肥：安徽教育出版社，1995 年。

張聞玉《古代天文曆法講座》，桂林：廣西師範大學出版社，
    2008 年。

附：本書引用的部分甲骨文著録的縮寫

《合集》:《甲骨文合集》

《合補》:《甲骨文合集補編》

《合釋》:《甲骨文合集釋文》

《拾遺》:《殷墟甲骨拾遺》

《屯南》:《小屯南地甲骨》

《英藏》:《英國所藏甲骨集》

《周原》:《周原甲骨文》

後　記

　　《説文解字》與中國古代科技是一個引人入勝的領域。

　　對我而言，這本書的寫作是一種新穎的挑戰。實事求是地説，我認真用心地做了這件事，也從中學習了不少新知識，頗有收獲。

　　回想寫作和出版過程中，復旦大學劉釗教授、汪少華教授，自然科學史研究所曾雄生研究員，美國硅谷王奇女士等提供寶貴意見，語文出版社各級領導給予大力支持，責任編輯李朋先生等認真負責、合作暢快，斯坦福大學東亞圖書館、藝術與建築圖書館等提供敬業服務，謹在此致以衷心的感謝。也要感謝妻子王雅增、女兒聞人悦閲、女婿陳煒恒的理解和支持，一如既往盡力配合，助我如期完成任務。

　　《説文解字》是名副其實的"古學之根柢，小學之津梁"，也是步入中國古代科技光輝殿堂的必由之路。蒲芳莎（Franoise Bottéro）、何莫邪（Christoph Harbsmeier）在《〈説文解字〉與中國傳統人文科學》一文中指出："《説文》在科學史上的意義並不僅僅表現在它為自然科學史研究提供了一個重要的資料來源，而且《説文》本身就是科學探索的一座豐碑。"《説文解字》不僅是中華文化的瑰寶，也是全人類的共同財富。海外漢學家正在把它譯成帶有詳註的西方文字，旨在充分揭示其科學文獻價值。

迄今為止，我們的征途才剛剛開始。願與同好、有志於此者共勉，進一步研讀、開發、利用之。

2024 年 12 月

聞人軍於美國加州陽光谷